AF430022

Les premiers pas en amour

Cupidon vient de vous décocher sa flèche ? A moins que vous ne soyez encore à la recherche de l'âme sœur ou en couple depuis quelque temps déjà ? Dans tous les cas, l'amour est au cœur de vos préoccupations… Comment faire durer un coup de foudre ? Existe-t-il des trucs pour conserver la passion malgré les années ? Nous vous donnons tous les conseils pour une relation épanouie !

En amour, les premiers pas sont souvent les plus difficiles ! Trouver l'âme sœur, vaincre sa timidité pour déclarer sa flamme, concrétiser un coup de foudre… sont pour certains de véritables épreuves à surmonter. Mais le jeu en vaut la chandelle ! Quelques conseils pour ne pas rester éternellement seul !

Comment faire durer le coup de foudre ?

Le coup de foudre, cela existe. Il touche en majorité les femmes. Mais voilà, pour transformer cet instant magique en relation durable, il faut savoir dépasser peurs et

interrogations. Explications et conseils avec Marie-Odile Steinman, psychologue.

Vous avez tendance à idéaliser

Merveilleux, tendre, galant. Bref vous venez de rencontrer le ou la conjoint(e) idéal(e). Aveuglé par l'amour, vous avez tendance à idéaliser l'être aimé et à projeter vos fantasmes de bonheur sur lui. Le piège ? Ne pas le voir tel qu'il est vraiment mais tel qu'on le rêve. Or personne n'est parfait, et dès que le train-train quotidien s'installe, c'est la déconfiture…

L'avis du psychologue : Pour construire une relation à long terme, faites la part entre la réalité et les fruits de votre imagination. Quelles sont ses vraies qualités ? Est-il (elle) réellement drôle ou riez-vous dès qu'il (elle) ouvre la bouche ? Sans pour autant pointer ses défauts, prenez conscience des petits travers à améliorer.

Vivez au présent

Sous le charme, il ou elle vous invite à dîner aux chandelles... Tout à coup vous lui confiez combien votre ex détestait ce genre d'endroit. Et voilà que vous lui racontez votre vie par le menu. Classique ! Inconsciemment, vous déposez votre passé sur la table pour le (la) tester. Pire, vous cherchez à le (la) faire fuir et échapper ainsi à une nouvelle relation qui vous fait peur. Vous pouvez aussi vous projeter dans le futur et évoquer vos prochains week-ends en amoureux, les beaux enfants que vous aurez…

L'avis du psychologue : Vous ne vivez pas le moment présent. Reprenez contact avec votre partenaire. Plongez-vous dans le monde des sensations : attrapez son regard. Ecoutez ce qu'il (elle) vous dit !

Prenez confiance en vous

Vous venez de rencontrer l'âme sœur, et vous devriez nager dans le bonheur ! Pourtant, des idées plus noires les unes que les autres vous passent par la tête dans l'attente de la prochaine rencontre. Vous vous trouvez laid(e) et sans intérêt. Cela s'appelle le monologue intérieur. Il se nourrit bien souvent de pensées négatives et se manifeste en l'absence de l'élu(e).

L'avis du psychologue : Pour y remédier, il suffit de repérer les propos négatifs et de les refuser énergiquement. Par exemple, inscrivez dans une colonne toutes les phrases du type : je ne lui arrive pas à la cheville, et dans l'autre, une qualité particulière, quelque chose qui vous distingue : une patience d'ange, un don pour la cuisine, l'amour des belles choses…

Cultivez votre personnalité

Vous êtes prêt(e) à tout pour gagner ses faveurs : plaquer vos amis, changer vos habitudes... Vous faites partie des dépendants amoureux et vous vous négligez au profit de votre partenaire. Ses besoins et ses désirs sont plus importants que les vôtres. Le plus souvent, la personne qui adopte cette attitude pense qu'ainsi l'autre l'aimera plus.

L'avis du psychologue : A long terme, ce mode amoureux vous poussera à partir pour mieux vous "retrouver". Ce sont vos qualités qui lui ont plu et sont à l'origine de cette idylle. Alors cultivez votre personnalité. Prenez l'habitude d'affirmer vos sentiments et vos véritables aspirations.

Osez aborder l'âme sœur !

Aborder quelqu'un qui vous plaît... Voilà une situation souvent difficile, dans laquelle le trac est incontournable ! Les trucs pour que votre premier rendez-vous ne soit pas le dernier...

Votre trac vous a peut-être empêché de faire du théâtre ou de débuter une carrière dans la chanson... Mais le plus grave, c'est si votre manque d'assurance vous fait rater le grand amour ! Voici en quatre étapes clés, quelques conseils pour réussir à aborder l'âme sœur...

Osez l'aborder

Vous l'avez repéré(e) depuis longtemps, vous travaillez à ses côtés ou le (la) croisez chaque jour à la boulangerie. Vous avez décidé de que cela ne pouvait plus durer, qu'il fallait lui déclarer votre flamme où au moins l'inviter à déjeuner ! Bravo ! Maintenant il s'agit de prendre votre courage à deux mains pour oser l'aborder. Quelques trucs pour vous transformer en chevalier Bayard :

- Essayez la pensée positive : dites-vous que vous êtes le plus beau, le meilleur... Même si ce n'est pas forcément efficace, cela peut vous donner le coup de pouce nécessaire !
- Plus terre à terre, n'oubliez pas de vous faire beau ! Coiffé(e), habillé(e) vous vous sentirez un autre homme (une autre femme). Rien de tel pour s'assurer de son pouvoir de séduction ! Mais attention à choisir des vêtements dans lesquels vous vous sentez à l'aise !

- Connaissez-vous ! Listez les défauts qu'il est préférable de "cacher" et les qualités à mettre en avant. Mais ne cherchez pas non plus à devenir trop parfait !

Ne bafouillez pas !

Il est très important de faire bonne impression dès le départ ! Pour cela, vous ne devez sous aucun prétexte bafouiller. Quelques trucs pour ne pas vous emmêler les crayons :

- Sans écrire des phrases à l'avance, identifiez les thèmes clés que souhaitez aborder. Essayez de ne pas les perdre de vue lors de la conversation.
- Il faut également savoir improviser ! Rien de plus énervant que quelqu'un qui récite laborieusement son texte ! N'hésitez pas à changer de sujet si vous voyez que vous ne passionnez pas les foules !
- Acceptez d'avouer que vous avez le trac ! L'honnêteté se révèle souvent payante !
- Ne regardez pas vos pieds ! La séduction passe aussi par les yeux. Sans forcément dévisager l'autre, regardez-le franchement ! Vous verrez que cela peut s'avérer plus efficace que de simples mots...

Séduisez !

Vous avez franchi les étapes et su briser la glace ? Le tout est de prolonger ces moments... Quelques trucs pour obtenir un premier rendez-vous :

- Anticipez ! Lorsque vous abordez votre futur(e), ayez déjà une idée de soirée à lui proposer. Cinéma, concert, restaurant... Renseignez-vous un minimum sur ses goûts pour ne pas tomber à côté !
- Ne précipitez pas tout ! Si vous avez encore trop de trac pour proposer un rendez-vous, ce n'est pas grave ! Vous lui téléphonerez le lendemain ou deux jours plus tard, pour lui proposer une sortie...
- Ne vous avouez pas vaincu ! S'il ou elle refuse le premier rendez-vous, proposez une seconde date : montrez que vous êtes déterminé et que vous tenez réellement à le ou la revoir.

Même avec les sentiments les plus forts et les plus sincères, on ne peut gagner à tous les coups ! S'il ou elle vous a clairement fait comprendre que ça ne pouvait pas coller entre vous, inutile d'insister et de ressasser cette histoire. Cet échec est de toute façon bénéfique : il vous a permis de gagner une bataille contre votre trac ! Donnez-vous un peu de temps puis partez à la recherche de nouvelles conquêtes !

Sachez débuter une relation amoureuse !

Coup de foudre réciproque ou lent jeu de séduction couronné de succès, vous venez de débuter une relation amoureuse. Ces premiers moments partagés sont très importants. Ils vont décider de l'évolution et de la durée de votre histoire. Alors, comment gérer ces instants ?

La rencontre amoureuse a de nombreux visages : elle peut être fortuite ou logique, elle peut avoir lieu au coin de la rue ou à l'autre bout du monde. Quoi qu'il en soit, elle va changer le cours des choses, bouleverser notre "train-train" quotidien. Mais la "vraie" rencontre, celle qui dépasse le flirt de quelques jours, est un lent processus qui, pour se développer favorablement, nécessite la traversée de plusieurs étapes.

Pour qu'une rencontre soit possible...

Contrairement aux idées reçues, le "coup de foudre" est plutôt rare. Mais pour qu'un simple croisement entre deux personnes prenne la tournure d'une rencontre, il faut qu'il y ait une

"révélation" : un regard, un geste, une façon d'être qui attire notre attention et provoque une émotion. Un tel événement ne peut se produire que si les deux protagonistes y sont disposés, prêts à saisir l'occasion de cette ouverture, prêts à l'échange et au dialogue. Le plus souvent, ce ne sont pas les occasions qui font défaut mais la disponibilité ! Sans ouverture au monde extérieur, sans le désir de combler ce qui nous manque, il ne peut y avoir rencontre !

Ce n'est toutefois pas suffisant, car comme l'écrit Boris Cyrulnik : "je ne peux rencontrer que ceux qui portent sur eux des signes au préalable inscrits au fond de moi". Pour que l'autre accroche votre regard, il doit porter en lui quelque chose qui vous ressemble ou qui correspond à votre attente.

Ainsi, le double miracle de la rencontre amoureuse, c'est d'une part d'être deux dans le même état d'esprit au même instant ; d'autre part d'éprouver une affinité particulière l'un pour l'autre. Si tel est le cas, il y aura "choc amoureux". Le rêve amoureux

Le sort en est jeté ; un autre a fait irruption dans notre vie, un autre encore inconnu et donc auréolé de tous les possibles ! Aucune limite ne s'impose encore à notre imaginaire et notre petit cinéma intérieur peut jouer sans relâche. Nous sommes submergés d'émotions, de la béatitude à la terreur en passant par la jubilation, le doute et l'angoisse. C'est le jeu du "tu pensais cela, toi aussi, c'est incroyable !" ou "tu es bien celle, celui, que j'espérais", moments magiques où pointe néanmoins le malentendu, car on ne sait encore rien de l'autre, finalement. Le risque c'est d'être tout à fait aveugle et de projeter sur lui, sans une ombre de discernement, notre monde intérieur, nos rêves, nos attentes, nos fantasmes. Or, lorsque la réalité reprend ses droits, cela bouscule inévitablement nos scénarios intérieurs. L'autre se trouve confronté à l'image que l'on s'était fait du partenaire idéal. C'est le temps du désordre, de la remise en cause. La déception peut parfois aboutir à la rupture.

Le temps du désordre

La confrontation peut s'avérer déconcertante car elle dérange notre quotidien : "jusqu'où puis-je laisser déranger mes habitudes, ma façon de faire et de penser ? Jusqu'où puis-je accepter qu'un tourbillon d'inconnu et de nouveauté vienne me déstabiliser" ? C'est l'époque de tous les dangers : c'est l'ouverture ou l'impasse (voire même le "clash"). Tout dépend de nos capacités à traverser ces turbulences en nous y retrouvant suffisamment pour accueillir l'autre tel qu'il est et réviser peu à peu notre point de vue de l'existence.

Inévitablement, la rencontre amoureuse ébranle notre forteresse intérieure, et nous pousse à la nouveauté, au changement. Car une fois passé ce cap, le jeu en vaut souvent la chandelle !

Amour : tout se joue dès le départ !

Aventure d'un soir ou amour d'une vie, la rencontre est décisive. Tout se joue dès le départ ! Pour masquer la peur d'aimer, nous mettons souvent en place des stratégies de fuite. Décodage et conseils pour surmonter les obstacles et démarrer du bon pied cette nouvelle aventure !

Vous venez de le (la) rencontrer… le temps s'arrête, c'est lui, c'est elle ! Qu'elle dure une minute, une vie, une nuit, la rencontre est magique. Au-delà de la séquence émotion, quand on rencontre l'autre on se raconte toujours une histoire... Les comportementalistes le disent : "c'est lors du premier contact que se mettent en place les ferments de l'idylle". "Une rencontre, c'est toujours une part de soi qu'on retrouve dans l'autre", soutient Catherine Bensaïd, psychanalyste. Bref, tout se joue dès le départ et surtout les stratégies inconscientes pour masquer la peur d'aimer. La rencontre est bouleversante. S'engager avec quelqu'un c'est renoncer à d'autres possibles : on en veut forcément à celui qu'on aime explique le psychanalyste Samuel Lepastier. Chacun à son insu développe une stratégie de fuite. Voici quelques comportements types, ce qu'ils cachent et surtout comment y remédier !

Vous partez battu d'avance

C'est terrible les idées qui vous passent par la tête dans l'attente du prochain rendez-vous. Vous vous trouvez affreux, inintéressant, et l'autre a sûrement mieux à faire qu'à rappeler quelqu'un d'aussi insignifiant que vous.

L'avis du psy : Ce phénomène n'épargne personne. Et plus souvent qu'à leur tour ceux qui souffrent d'un manque de confiance en eux, d'une peur de le décevoir. En l'absence de l'élu, le monologue intérieur s'accentue. Il se nourrit la plupart du temps de pensées négatives.

Pour y remédier : cultivez l'estime de soi. Il suffit de repérer les propos tristes et de les refuser énergiquement. Comment ? En vous munissant d'une feuille de papier et d'un stylo. Vous y inscrivez dans une colonne toutes les phrases du type "je ne lui arrive pas à la cheville", dans l'autre, une qualité particulière. Quelque chose, qui vous rend unique.

Vous êtes porté à l'idéaliser

Il est merveilleux, tendre, galant. Bref il est parfait, vous venez de rencontrer la perle rare, l'homme ou la femme idéal. Vous êtes faits l'un pour l'autre et vous le clamez haut et fort.

L'avis du psy : L'état amoureux idéalise l'être aimé. Au début d'une relation, on projette nos fantasmes de bonheur sur lui. Vous ne l'aimez pas lui, mais l'image que vous en avez. Il faut savoir que, après l'illusion, vient la désillusion. Dès que le train-train quotidien le révélera tel qu'il est vraiment, vous serez tentée de le quitter. Persuadée qu'il a changé.

Pour y remédier : évitez l'éblouissement du tout début ! Pour cela, faites la part entre la vérité et votre imagination. Quelles sont ses qualités ? Est-il drôle, ou bien riez-vous dès qu'il ouvre la bouche ? Sans pour autant pointer ses défauts pour les lui reprocher, prenez conscience des petits travers qu'il pourrait améliorer…

Vous êtes un dépendant amoureux

Vous êtes prêt (e) à tout pour gagner ses faveurs. A plaquer vos amis, à changer toutes vos habitudes... resto, ciné, look, vous laissez l'élu décider de tout.

L'avis du psy : Vous êtes un dépendant amoureux et vous vous oubliez au profit de votre partenaire. Ses besoins et ses désirs sont plus importants. Au cœur du problème, la difficulté d'être seul. C'est quand on fait tout pour s'adapter au désir de l'autre, qu'on risque le plus de le perdre.

Pour y remédier : prenez le risque de déplaire pour pouvoir plaire. A l'origine de cette idylle, ce sont bien vos qualités qui lui ont plu. Donc cultivez votre personnalité. Continuez vos cours de tango ou d'italien… Et entraînez-vous à sortir sans lui !

Une fois passée cette étape de la rencontre, à vous d'entretenir la flamme pour prolonger cette magie et préserver ce lien unique qui vous unit…

L'amour rend aveugle !

C'est bien connu, lorsque l'on est amoureux, on a souvent "la tête" ailleurs ! Or c'est aujourd'hui prouvé : la simple vision d'une femme attirante empêche les hommes de réfléchir normalement. Et ces demoiselles seraient de

véritables droguées de l'amour ! Le cœur a ses raisons, que la raison n'entend pas...

Vous l'avez remarqué : lorsque l'on est amoureux, difficile de réunir ses pensées...

La science de l'amour

Des scientifiques ont montré que les hommes n'étaient pas aptes à réfléchir dès qu'une jolie fille était dans les parages. En effet, la testostérone nuirait aux neurones ! Pour parvenir à ce résultat, des chercheurs canadiens ont recruté des étudiants et étudiantes auxquels ils proposaient deux choix : recevoir tout de suite une petite somme d'argent (de 15 à 35 Euros) ou accepter de recevoir 50 à 75 Euros, mais dans les semaines ou les mois à venir. Le choix logique est bien sûr d'accepter la plus grosse somme d'argent...

Mais les scientifiques ont ajouté un paramètre : ils demandaient à certains de faire ce choix en admirant des photos des femmes ou d'hommes considérés comme attirants.

Les hommes court-circuités…

Résultat : les femmes ne modifient pas leur choix (la plus grosse somme plus tard) après avoir vu un homme "attirant". Mais il n'en va pas de même chez les hommes. Dès qu'ils aperçoivent une femme séduisante, ils ne sont plus capables de faire les bons choix ! Apparemment, les hommes auraient ainsi leurs capacités de réflexion court-circuitées par une femme qu'ils jugent attirante. Les scientifiques n'ont pas d'explication claire de ce phénomène. Ils soulignent néanmoins que le lien est fort entre les zones activées par la séduction et le système de valeurs. Mais si les hommes perdent la tête pour une femme, pourquoi l'inverse n'est-il pas vrai ? Mais celles-ci ont d'autres réactions incontrôlables face à l'âme sœur…

Les femmes droguées

Selon des chercheurs new-yorkais, les femmes seraient de véritables droguées de l'amour ! En effet, ils ont étudié le fonctionnement du cerveau amoureux. Pour cela, les scientifiques ont recruté des étudiants qui débutaient une histoire d'amour. Ils les ont alors placés dans un appareil d'imagerie par résonance magnétique, tout en leur montrant des photos de l'être aimé ou de proches "neutres". Ils ont alors observé quelles zones du cerveau était activées par l'image du partenaire. Et là, surprise : l'amour « allume » des parties du centre des émotions, impliquées dans les systèmes de plaisir et de récompense. En clair, ce sont les mêmes zones qui sont activées par la prise de drogue. Or les scientifiques ont observé que ce phénomène était particulièrement fort chez les femmes.

Ainsi, le cerveau va être enclin à rechercher sa dose de satisfaction régulièrement, en allant vers la personne aimée. Et cette addiction entraînerait un syndrome de manque, dès que le conjoint est absent trop longtemps. Mais on ne sait pas si, à l'instar de la drogue, il faut ensuite des "doses d'amour" de plus en plus fortes pour contenter notre cerveau !

Si la science comprend de mieux en mieux les mécanismes de l'amour, ce sentiment parvient à garder sa part de mystère. La mise au point du filtre d'amour n'est pas pour demain…

La vie de couple

Routine, manque de dialogue, argent… peuvent gâcher la relation amoureuse la plus stable. De la communication à la gestion de votre compte, Voici les écueils à éviter pour construire un couple épanoui… et le rester longtemps !

Les 10 ennemis du couple

Pour que votre couple marche, inutile de chercher des recettes miracles. En revanche, vous pouvez éviter certains pièges qui risquent à la longue d'affaiblir les liens qui vous unissent. Petit guide des mauvaises habitudes à fuir absolument !

Portrait-robot de quelques-uns des ennemis du couple…

La télévision

La télévision est un tue-l'amour, il n'y a aucun doute là-dessus ! A proscrire : le dîner devant le 20 heures. Prendre son repas tous les soirs avec PPDA entrevous, ne facilite pas la complicité… Et 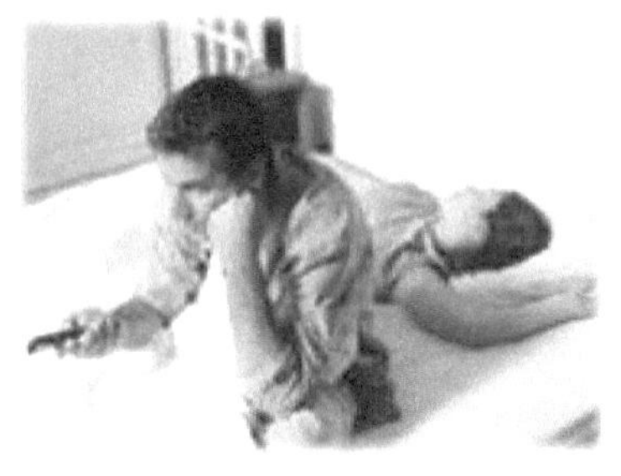 puis, à force de regarder le film puis d'aller vous coucher, vous ne prenez même plus le temps de vous parler et de vous préoccuper de l'autre. Une seule solution : jeter cet ennemi de la vie amoureuse ! Moins radical, vous pouvez convenir de l'éteindre 4 soirs par semaine.

Les pantoufles

Conséquence ou non de la présence de la télé, vous ne sortez plus ! Et ce petit resto que vous aimiez tant, aurait-il fermé ses portes ? Et les soirées ciné qui se prolongeaient en débats passionnés ? Maintenant, vous ne sortez qu'une fois par mois, et encore uniquement pour aller chez des amis ou éventuellement recevoir. Fini les sorties en couple et les soirées en amoureux ! Il faut retrouver cette magie des escapades complices ! Puisque-vous venez de jeter votre télé, profitez de l'argent économisé sur la redevance !

Les heures sup'

Arrêtez de rentrer tard du boulot ! Non seulement vous n'avez plus de temps pour vous, mais en plus vous êtes fatigué et irascible, ce qui n'est pas franchement une sinécure pour votre partenaire ! Pour peu que le travail ait complètement envahi votre vie, cela devient vite votre seul sujet de conversation… Stop ! Commencez par passer aux 35 heures (et pas une de plus) ! Essayez de rentrer suffisamment tôt pour avoir un peu de temps avant le dîner… Sans en profiter pour vous affaler devant la télé ! Et surtout, oubliez le travail de temps en temps, pour accorder plus d'attention à l'autre.

La porte des WC

Ce n'est pas parce qu'on est en couple et qu'on se connaît depuis des années qu'il faut se laisser aller ! Arrêtez de vous balader en jogging, les cheveux en bataille... et de laisser traîner vos affaires dans toute la maison prenez soin de vous ! Certes, votre conjoint(e) vous aime tel que vous êtes, mais pourquoi ne pas faire des efforts pour vous montrer sous votre meilleur jour ? Vous lui montrez ainsi que vous attachez de l'importance à sa présence et à l'impression que vous lui laissez !

L'inattention

Un des autres grands ennemis du couple, c'est le manque d'attention. Et il ne s'agit pas ici d'offrir des fleurs ou des petits cadeaux, mais simplement de le (la) regarder. De remarquer quand il (elle) a été chez le coiffeur ou a acheté une nouvelle veste. Surtout n'hésitez pas à lui dire quand vous le(la) trouvez élégant(e) ou qu'il (elle) vous impressionne par ses remarques pertinentes. Car les compliments sont toujours agréables... Mais uniquement s'ils sont pensés !

La jalousie excessive

Arrêtez de le(la) surveiller ou de lui poser des questions à tout bout de champ. Car la base d'un couple, c'est la confiance réciproque. A force de le (la) soupçonner, vous aller finir par lasser votre partenaire et le (la) pousser dans les bras d'un(e) autre !

L'abstinence !

La vie sexuelle est importante dans un couple. S'il est normal de s'assagir avec le temps, ce ne doit pas devenir la règle ! Car il faut garder de la fantaisie et de l'imagination ! Réservez-vous des périodes d'intimité, variez les lieux et les positions…

La belle-famille

Non, bien sûr, toutes les belles-familles ne sont pas celles que l'on se plait à décrier au cinéma. Et l'entente est souvent cordiale entre le partenaire et les beaux-parents. Mais le tout est de savoir ne pas insister ou reconnaître quand l'autre en a un peu assez. Ne lui imposez pas le déjeuner du dimanche midi chaque semaine si vous sentez qu'il commence à "saturer". Et bien sûr, cette règle vaut aussi pour vos soirées entre collègues, réunions d'anciens de la fac…

L'absence de projets

Former un couple, ce n'est pas seulement affronter le quotidien sans penser au lendemain. Vous devez construire ensemble. Des projets à court terme (lieux des vacances, achat d'une voiture…) à des projets plus ambitieux (enfants, partir en province…) n'hésitez pas à réfléchir sur votre avenir et comment vous l'envisagez. Cela vous apportera la cohésion et l'envie d'aller de l'avant…ensemble !

Le silence

Le manque de dialogue est bien sûr néfaste pour le couple. Certes, il découle souvent d'un manque de temps ou d'attention lié aux diverses causes déjà citées. Cependant il est fréquent que le dialogue existe, mais que personne n'écoute l'avis de l'autre… Dans ce cas, à vous de faire ensemble un travail de dialogue posé, en faisant des efforts pour réellement chercher à comprendre ce que l'autre veut dire. Au besoin n'hésitez pas à vous faire aider par un thérapeute.

Couple : pour durer ne dites pas tout !

Parler de sa journée, partager ses émotions, avouer une infidélité... communiquer est devenu le maître-mot dans la relation amoureuse. Pourtant il est parfois dangereux de

tout se dire et le silence a ses vertus. Nos conseils sur ce que vous pouvez dire ou ne pas dire en couple.

"Ne pas tout se dire est un signe de maturité" affirme le psychologue Jacques-Antoine Malarewicz. A l'inverse exiger la transparence est un signe de manque de confiance en soi.

Aujourd'hui, les codes relationnels ont changé et le couple fusionnel n'est plus un modèle tenable. Prendre un pot avec un copain, ou dîner avec un ex, sans lui dire... Impensable hier, incontournable aujourd'hui ! Le "je" ne se fond plus dans le "nous", l'autonomie est de mise : en clair, il faut cultiver son individualité... jusqu'à un certain point, bien sûr !

En dire trop ou pas assez ?

Pour Catherine Bensaïd, psychanalyste, jouer la carte de la transparence dans la relation amoureuse, c'est prendre le risque de la banaliser. "A se livrer sans réserve à l'autre, vous risquez de perdre de votre mystère. Une donnée essentielle de la séduction". Sans compter l'aspect immature de cette communication verbale à outrance. "Lui raconter ma journée par le menu de manière systématique, me ramenait immanquablement à mon enfance quand maman me posait mille questions", avoue Françoise. A la longue, le désir en prend un coup et vous risquez d'entretenir une relation plus fraternelle qu'amoureuse.

Choisir le bon moment !

Si les petits secrets sont nécessaires, à l'inverse, certains silences peuvent peser lourd. "Un licenciement ou une maladie grave sont des points qui nécessitent un dialogue", ajoute Jacques-Antoine Malarewicz. Savoir parler est dans ce cas un signe de confiance en l'autre. Combien de couples sont sortis grandis des épreuves difficiles ou de conflits majeurs par la parole. Partager ses émotions coule de source mais pas n'importe quand, ni n'importe comment. Chacun arrive avec son histoire, et ses blessures. Alors inutile de battre le fer quand il est chaud, devant une difficulté. Catherine Bensaïd conseille " 'attendre le moment adéquat, base d'une communication respectueuse dans le couple". Encore une fois, l'équilibre est de mise, pour mieux s'entendre et donc mieux s'écouter.

En pratique

Ces quelques conseils peuvent vous aider à trouver le juste milieu entre transparence et silence :

- **Ce qu'il ne faut pas dire : les petits secrets**

Vous traînez avec votre meilleur(e) ami après le boulot et forcément vous rentrez plus tard. Ou vous dînez avec un(e) ex. Si vous savez que l'un comme l'autre va le (la) rendre dingue, avec à la clé une scène assurée... Motus ! Vous coupez court à des discussions inutiles et jouissez de ce précieux sentiment de liberté sans dommage (pour les 2).

- **Ce qu'il faut dire : Exit le tabou de l'argent**

Vous avez craqué pour le dernier gadget high tech (exorbitant). Mettez-le (la) dans la confidence et trouvez une parade ensemble : faites la cuisine pendant une semaine. Si vous avez été licencié, inutile de faire semblant d'y aller le matin (c'est très courant) le temps de trouver un autre boulot. Jouez cartes sur tables.

- **Ça dépend : l'infidélité**

Faites-lui part de votre incartade dans le cas où c'est un véritable symptôme d'un malaise dans votre couple. "Ça ne va pas, d'ailleurs je t'ai trompé". Sinon ne vous en vantez pas, c'est un moment d'individualité. Il n'y a ni cocu, ni tromperie. L'autre se sent exclu seulement si l'amour est renié.

L'amour face à la distance

Vous avez trouvé l'âme sœur, mais elle habite à l'autre bout de la France. Ou de la Terre ! L'amour est-il plus fort que la distance ? Quels sont les risques et les avantages d'une relation à des centaines de kilomètres ?

Vous l'avez rencontré en vacances et c'est l'amour de votre vie. Problème : il habite à 800 km ! Votre relation peut-elle résister à cet éloignement ?

La distance : un avantage !

Qui a dit "loin des yeux, loin du cœur" ? Au contraire l'éloignement dans une relation peut parfois rendre celle-ci beaucoup plus stable et plus intense. Les avantages sont nombreux :

- **Pas d'usure !** L'éloignement entretien la flamme : on guette un signe de l'autre et on attend avec impatience les lettres, les coups de fil, les rencontres. La joie des retrouvailles est toujours présente, car les instants de complicité sont rares.

- **Finie la routine !** Lorsqu'on ne se voit pas en permanence, il n'y a pas d'habitudes de couples qui s'installent. Chaque rendez-vous est l'occasion d'une mini-redécouverte et les sujets de conversation ne sont jamais épuisés !

- **Pas de contraintes !** Vous menez votre petite vie de célibataire chacun de votre côté. Pas la peine de vous justifier si vous découchez une nuit. Inutile de ranger vos chaussettes tous les soirs !

- **Finies les disputes !** Vous ne voyez pratiquement jamais l'autre sous son mauvais jour. Vous vous voyez si peu qu'il n'est pas question de tout gâcher avec des critiques ou des désaccords. Vous n'avez pas le temps de vous disputer et puis vous êtes si heureux de vous voir.

Le revers de la médaille.

Bien sûr, l'éloignement n'a pas que des avantages. Quelques aspects de votre relation peuvent souvent gâcher une belle histoire :

- **Illusions.** Cet éloignement peut vous empêcher de connaître réellement votre conjoint. Vous ne connaissez pas réellement ses défauts en ne le voyant qu'une fois par semaine. Bien sûr, vous pouvez considérer cela comme un avantage : il ne connaît pas les vôtres non plus !

- **Mauvaises habitudes.** Cette vie de couple est quasiment une vie en solo. Vous risquez de développer un comportement de célibataire endurci. Difficile ensuite de vivre en couple, avec votre conjoint(e) actuel ou un autre.
- **Absence pesante.** La distance est aussi synonyme d'absence. Le conjoint n'est pas là quand on en a besoin. En cas déprime, un coup de téléphone réconforte moins qu'un câlin.

Savoir être à l'écoute de l'autre

Dans une telle relation, il est essentiel de toujours rester à l'écoute de l'autre pour ne pas passer à côté des signes de lassitude ou des coups de blues. Le meilleur moment pour "prendre la température" du couple est quelques heures après les retrouvailles, une fois l'euphorie passée. Si vous avez l'impression que les sentiments sont moins présents, il est peut-être temps d'envisager un autre mode de vie !

Et n'oubliez pas que pour entretenir la flamme, il est important de monter des projets, d'avoir des buts en commun à court ou moyen terme. Ces petites échéances et ces réalisations vous permettront de garder un contact fort.

Equipez-vous !

L'arrivée des nouvelles technologies peut vous permettre d'améliorer vos relations. Vous connaissez bien sûr le téléphone. Mais les mails vous permettront plus sûrement de garder le contact à moindres frais. Si vous possédez tous deux un ordinateur, n'hésitez pas à vous équiper d'un logiciel de dialogue en direct (IRC, ICQ.) qui permet des conversations quasi-instantanées.

Enfin, pour ceux qui ont un budget plus important, l'achat d'une webcam peut s'avérer judicieux. Les plus téméraires investiront dans les gadgets promis par le cybersexe. Plus sérieusement, n'oubliez pas les lettres d'amour papier : une missive enflammée est toujours appréciée !

Brisez la routine !

L'habitude est un véritable poison pour le couple ! Car la monotonie est synonyme d'ennui ! Pourquoi cette routine s'installe-t-elle ? Comment continuer à surprendre votre conjoint ? Et si vous faisiez de votre vie commune un éternel recommencement...

Tant que vous ne viviez pas ensemble, votre histoire d'amour était chaque jour plus belle. Chacun attentif aux désirs de l'autre, vous cherchiez à vous plaire réciproquement. Vous réinventiez la vie et ses petits bonheurs. Il ou elle vous couvrait d'attentions ; vous ne vous lassiez jamais d'être ensemble et vous auriez été bien en peine de trouver à votre nouvel amour le moindre défaut !

Quand vie commune égale routine...

Rien ne laissait donc présager que la vie commune tuerait ou du moins banaliserait l'amour. Et pourtant, comme pour tant d'autres couples avant vous, votre histoire a du mal à résister au quotidien. Vous aimiez

la même émission de télé ? Maintenant la regarder est une obligation : il (elle) n'envisage plus de sortir à l'heure où elle a lieu !

Vous n'aimiez pas la même musique mais vous vous plaisiez à vous communiquer mutuellement vos goûts ? Aujourd'hui, chacun a son baladeur avec ses propres cassettes. Chaque fois que vous vous retrouviez, vous vous offriez un cadeau, même minuscule ? Vous vous contentez maintenant de fêter Noël et les anniversaires. Vous étiez toujours impatients de vous voir après le travail ? Maintenant, c'est à peine si vous songez à l'embrasser quand il ou elle rentre. Même vos étreintes sexuelles ont un goût de déjà vu !

Une vie d'aventure, mais jusqu'où ?

Inventer sa vie chaque jour, c'est le moyen de ne pas se lasser l'un de l'autre. Pour certains, l'absence de routine passe par l'indépendance au sein du couple. Il est vrai que sortir séparément donne de l'oxygène, parfois. Mais attention ! Rester unis en se construisant deux vies séparées est extrêmement difficile ! Ne pas être sans cesse collés l'un à l'autre est fondamental pour la bonne santé du couple. Mais ne plus prendre le temps de se voir, au contraire, c'est la fin du couple. Et si vous essayiez plutôt d'innover ensemble ?

Surprendre à nouveau son partenaire…

Offrir un bijou précieux, lui faire la surprise d'un week-end de rêve, réunir sans la prévenir de vieux amis pour son anniversaire, faire placarder sur un grand panneau d'affichage son nom suivi de "Je t'aime", c'est romantique mais pas très facile à réaliser !!! Mieux vaut trouver des moyens plus simples pour donner du piquant au quotidien ! Pour commencer, évitez d'avoir une vie trop planifiée. Au contraire, sachez improviser ! Inspirez-vous des idées suivantes :

- Attendez-le(la) à la sortie de son travail, ou téléphonez-lui pour déjeuner avec lui (elle) !
- Décidez d'une sortie à la dernière minute, juste pour le plaisir d'être ensemble !
- Achetez-lui le livre ou le disque dont il (elle) a parlé devant vous avec intérêt !
- Grand classique : offrez-lui des fleurs !
- Ne vous habillez pas toujours pareil !
- Ne choisissez pas indéfiniment la même destination de vacances, même si c'est commode !

- N'attendez pas toujours que ce soit lui (elle) qui prenne les petites et grandes décisions et organise votre vie !
- Quant aux câlins, apprenez à en prendre chacun votre tour l'initiative !

Bref, soyez créatifs, en étant là où il (elle) ne vous attend pas ! Votre couple conservera ainsi une éternelle jeunesse !

Couple et argent

Dans le couple, l'argent est parfois source de problèmes. Certains ne vont pas supporter que leur partenaire gagne plus qu'eux. D'autres vont reprocher à leur conjoint d'être trop dépensier. Voici des conseils pour briser ce tabou et gérer vos revenus sans stress !

Aujourd'hui le plus souvent, les deux conjoints travaillent et les femmes au foyer se font rares. Mais si chacun gagne de l'argent, les différences de salaires et la gestion des finances du foyer sont parfois à l'origine de petits problèmes… ou de crise grave !

Votre partenaire gagne plus que vous ? Et alors ?

La différence de salaires est une réalité dans la plupart des couples, au profit de l'homme d'ailleurs. Car la majorité de ceux-ci gagnent plus que leur femme : dans plus de deux cas sur trois, le salaire du mari est plus élevé. Si votre conjoint gagne plus, ce n'est pas dramatique ! Vous ne pouvez pas l'emmener dans les grands restaurants ? Choisissez un petit bistrot chaleureux ! L'ambiance intime n'est-elle pas aussi importante pour un couple que de dîner dans un lieu dont l'unique intérêt est son côté prestigieux ? L'amour ne s'achète pas ! Finalement, au moins êtes-vous sûr que la seule chose qui le (la) retienne auprès de vous c'est l'amour, et non votre fortune !

Il (elle) gagne moins que vous ? La belle affaire !

Si la situation est inversée, et que vous gagnez plus que votre conjoint(e) ? Inutile de souligner la différence, surtout si vous avez l'impression qu'il (elle) le vit mal ! Par contre, n'hésitez pas à lui offrir un week-end… en la (le) laissant payer le restaurant ! De toute façon, il ne devrait rien trouver à redire si vous lui faites quelques cadeaux dont il rêve ! Montrez-lui qu'il (elle) garde une place essentielle dans le foyer… et dans votre cœur ! Mais ne vous excusez pas de gagner plus !

Gardez votre autonomie !

Indépendamment des différences de salaire, c'est la gestion des finances au quotidien qui est souvent une source de problèmes dans le couple. La mise en commun des revenus peut avoir des répercussions négatives. Dans tous les cas, il est préférable de préserver son autonomie. Ainsi il vaut mieux que chacun ait son propre compte et qu'un compte en commun soit créé pour régler les dépenses courantes (courses, loyer, voiture...). A vous de l'alimenter en fonction de vos revenus respectifs. De plus, il n'est pas rare qu'un des partenaires soit plus dépensier que l'autre. Avoir chacun son compte permet d'éviter les conflits. Et n'oubliez pas que l'argent ne fait pas le bonheur en général, ni celui du couple en particulier !

En amour, ne vous laissez plus manipuler !

Une relation est normalement basée sur la confiance, l'échange et le respect. Pourtant, le conjoint peut parfois culpabiliser, dévaloriser, semer la zizanie... Bref, chercher à vous manipuler ! Alors comment reprendre confiance en vous quand votre amoureux se révèle être un vampire affectif ?

On vit ensemble et on n'est pas heureux. Au départ, tout roule, et puis jour après jour, la situation se dégrade... Rien à voir avec la routine qui peut s'installer dans un couple.
Non, il s'agit parfois de véritables relations toxiques !

Que faire quand votre conjoint vous dévalorise et vous fait culpabiliser, pour finalement mieux vous manipuler ? "Un contact prolongé engendre des sentiments d'agressivité, de peur ou de tristesse" raconte Isabelle Nazare-Aga, thérapeute comportementaliste. Sans vous séparer, apprenez comment reprendre le dessus et vous affirmer dans votre couple ! La stratégie est simple : identifier le type de conjoint manipulateur, puis se protéger de ce fléau relationnel.

Le manipulateur vous dénigre à votre insu

Il vous choisit comme partenaire et pourtant, c'est fou le mal qu'il se donne à dire des horreurs sur vous, l'air de rien, auprès de vos amis. "Frédérique, un cordon bleu, vous voulez rire." Le conjoint manipulateur vous bombarde de critiques, qui sapent votre confiance en vous.

L'avis du psy :

Vous trouvez ces réflexions anodines. En réalité, ce n'est pas l'égratignure ponctuelle de votre estime de soi qui est dangereuse, mais la fréquence des messages négatifs. Pour vous revaloriser, cultivez vos compétences dans le milieu professionnel par exemple, loin de son emprise.

Le manipulateur vous isole du reste de la société

Il ronronne à l'idée de vous voir trimer au boulot. Mais il se révèle capricieux si vous faites preuve d'indépendance, comme accepter une invitation (à dîner, au théâtre, en week-end), sans lui. Son système de pensée exige que tout moment libre de l'un doive être accordé à l'autre.

L'avis du psy :

Votre malaise est diffus et vous vous sentez partagé. Dès que vous pratiquez une activité sans lui, vous culpabilisez. Si vous lui cédez, votre frustration est de taille. Positionnez-vous, sans tarder. Faites valoir le fait que vos désirs ont autant de valeur que les siens.

Le manipulateur est d'une jalousie dévorante

Il aspire à une relation exclusive, et ne souffre aucun "concurrent" éventuel. Mais le manipulateur est capable de pratiquer un double jeu. Dans les soirées, son numéro de séduction auprès du sexe opposé côtoie fréquemment sa jalousie vis-à-vis de ceux qui vous approchent.

L'avis du psy :

Vous essuyez des scènes récurrentes où il cherche des preuves de votre infidélité. Adoptez la tactique du brouillard : surtout n'entamez pas un bras de fer avec lui, vous décuplez son animosité. Mais contentez-vous de feindre la surprise sans argumenter réellement.

Le manipulateur prêche le faux pour savoir le vrai

La communication avec lui prend des allures de chemin labyrinthique. Tous les prétextes sont bons pour semer la confusion. Ainsi il s'arrange pour poser une question incluant un élément erroné : Tu savais qu'Éric avait une maîtresse ?

L'avis du psy :

Si votre ami tombe juste, vous risquez d'être troublé. Efforcez-vous de cacher votre émotion et décodez la signification sous-jacente de ses propos (mimiques, tons de voix, regards). Epuisant mais radical pour faire la part du vrai et du faux.

Votre conjoint vous harcèle !

"Tu n'as pas très bonne mine", "Je trouve que ton ami est vraiment exécrable"... Parfois, des remarques anodines se répètent et transforment la vie en enfer ! Ne vous y trompez pas, c'est du harcèlement moral ! Au sein du couple, il peut avoir des conséquences très lourdes. Mieux vaut réagir !

Ce que vous faîtes n'est jamais bien, que ce soit la cuisine, ou l'éducation de Paul, votre dernier. Votre conjoint vous dit souvent que vous avez mauvaise mine... Certaines personnes ont l'art de la remarque perfide, et ce de manière répétée. Résultat : baisse de moral, d'estime de soi et fatigue chronique... Les psys appellent ça le harcèlement moral. On en parle dans le cadre de la vie professionnelle, elle existe également au sein du couple. Comment le repérer et essayer d'y mettre le holà ?

Le poison de l'amour

Certaines paroles apparemment anodines, certaines allusions, peuvent êtres déstabilisants. Il vous reproche l'air de rien l'argent que vous dépensez, dans un dîner quand vous parlez, elle lève les

yeux au ciel, l'air gênée. Ces messages négatifs, sont de véritables poisons, des toxines comme les appellent Jacques Salomé, le spécialiste en relations humaines. En clair, votre "doux" amour se valorise en vous rabaissant, et vous définit en négatif. D'après la psychanalyste Marie France Hirigoyen (1), "le harcèlement moral, peut débuter par un abus de pouvoir, se poursuit par un abus narcissique au sens où l'autre perd toute estime de soi". Dans la vie de tous les jours, le harcèlement moral entraîne effectivement le doute, le manque de confiance en soi et s'accompagne d'une véritable souffrance intérieure.

Son but : rester en position dominante

Il est souvent difficile de repérer le harcèlement moral, les agressions sont subtiles, et le harcelé imagine qu'il s'agit d'une relation conflictuelle, comme il en existe beaucoup dans les couples. En réalité, la situation est plus perverse. L'harceleur pratique souvent ce que les psys appellent l'emprise. La plupart du temps s'engager lui fait terriblement peur. Sa stratégie : il vous maintient à distance dans des limites qui ne lui paraissent pas dangereuses. En vous étouffant tout en vous maintenant "à disposition". Il vous fait subir ce qu'il redoute le plus : être envahi. Objectif : rester en position dominante. Si parler de projets communs (désir d'enfant, achat d'une maison, voyage) est toujours reporté à demain, si vous avez pris l'habitude de vous censurer, parce que vous êtes inintéressant(e), vous êtes certainement sous son emprise.

Tout est dans la répétition

Disqualifier est un art que pratique avec brio l'harceleur. "Son objectif consiste à retirer à quelqu'un toute qualité, de lui dire et de lui répéter qu'il ne vaut rien, jusqu'à l'amener à le penser" écrit Marie-France Hirigoyen. Les messages négatifs sont de plusieurs formes. De manière plus ou moins directe, il peut se moquer de vos convictions, se gausser de vos points faibles, mettre en doute vos capacités de jugement et de décision. Dans le registre de la communication non verbale il utilise des regards méprisants, des soupirs excédés, ou bien des critiques dissimulées dans une plaisanterie. Le harcèlement se fait non pas ponctuellement mais dans la répétition.

Reprenez confiance en vous !

La plupart du temps, on reste dans ce couple insatisfaisant, par peur de la solitude. Mais n'oubliez pas que face à un persécuteur, on ne gagne jamais. Commencer un bras de fer avec lui est fortement déconseillé. Une fois que vous avez repéré le processus, il va vous falloir agir fermement sans craindre de conflit. Jacques Salomé, dans son livre "Le courage d'être soi", conseille de se définir et de faire passer ses désirs avant de se laisser imposer ceux du persécuteur. C'est apprendre à dire un non de positionnement. S'en sortir tout seul est difficile car ces paroles viennent certainement faire écho à une fragilité identitaire, ou à un manque d'estime de soi antérieur. La présence d'un entourage bienveillant ou d'un thérapeute est souvent nécessaire. N'oubliez jamais que même s'il existe des éléments ponctuels d'emprise dans le couple, la relation doit être gratifiante et vous envoyer principalement des messages positifs.

Les secrets du bonheur à deux

L'homme et la femme sont faits pour s'entendre. Mais le quotidien apporte son lot de soucis, discordes, incompréhensions et fatigue, qui assombrissent la vie de couple... Des petites engueulades aux portes qui claquent, il est des crises parfois difficiles à surmonter. Il n'y a certes pas de recettes miracles, mais quelques principes de base peuvent contribuer à faire durer son couple. Savoir écouter l'autre, l'accepter tel qu'il est... Petit guide du bonheur à deux.

En amour, il ne faut pas ménager ses efforts, et savoir donner beaucoup, sans "calcul de rentabilité". Préparer son plat favori, lui faire couler un bain ou lui masser le dos font partie de ces petites attentions dont toute personne normalement constituée raffole ! L'important est qu'il ou elle se rende compte de sa chance !

Exprimer ses désirs haut et fort

Vous rêvez d'un week-end en amoureux pour votre anniversaire de mariage ou de lingerie pour la Saint Valentin ? N'attendez pas que votre compagnon devine vos désirs : exprimez-les ! Cela vous évitera des ressentiments. Et la plupart des époux aiment faire plaisir, mais n'ont jamais d'idées. En matière de sexe, c'est la même chose : si vous ne dites pas clairement à votre partenaire ce que vous aimez, ce que vous avez envie qu'il vous fasse et comment ou ce que vous n'appréciez pas, il ne le devinera pas tout seul. Demandez gentiment, clairement (en appelant un chat un chat pour lever toute ambiguïté), et il fera certainement le maximum pour vous satisfaire.

Garder du temps à deux

Travail, enfants, télé, factures… Et le couple, dans tout ça ? Chaque jour, il faut parvenir à se ménager un temps d'écoute, un vrai moment d'intimité pendant lequel on ne se parle ni du boulot, ni d'argent ni d'éducation des enfants. Chacun ne se soucie que de l'autre, de son état d'esprit ou de ce qu'il a envie de raconter. Cette sollicitude mutuelle est valorisante car elle donne l'impression d'exister vraiment aux yeux de son compagnon. Instaurez le « quart d'heure » pour vous seuls, lors du dîner (à deux) ou une fois couchés…

Ne pas décider pour soi tout(e) seul(e)

Pour tous les sujets importants, la décision finale ne peut appartenir à un seul membre du couple, mais doit avoir été prise ensemble, après concertation et acceptation par les deux parties d'un compromis satisfaisant. Les membres du couple se trouvent ainsi sur un pied d'égalité, synonyme de dialogue, d'écoute, en un mot de respect mutuel.

Ne pas faire une croix sur le sexe

Pas de couple qui dure sans sexualité épanouie… tous les couples qui se réconcilient sur l'oreiller vous le diront ! Et s'il n'existe pas, dans ce domaine, de normes à respecter (nombre de relations, durée de l'acte sexuel…), l'essentiel est que chacun y trouve son bonheur. Ce qui implique temps, fantaisie, et organisation… pas toujours facile de faire l'effort, mais pourtant le jeu en vaut vraiment la chandelle. Dans l'intimité, ne lésinez pas sur les préliminaires, variez les décors, les positions… Et, pour que la sexualité soit satisfaisante, il faut rester à l'écoute de son partenaire : lui poser des questions, lui chuchoter des mots doux, écouter ses sensations et ses envies… Et ne jamais renoncer à le(la) séduire !

Peut-on prévoir la durée d'un mariage ?

Les couples qui se disputent souvent ou qui au contraire sont trop distants auraient de grandes chances de divorcer. Les risques seraient maximums lors de deux périodes : avant la septième année et après la quatorzième.

Vous êtes amoureux ? Vous avez même décidé de vous marier ? Pourtant, vous connaissez certainement des couples pour qui l'union a été un échec. Comment savoir si votre mariage va fonctionner ?

Conflits et silences, causes de divorce

Une étude américaine, parue dans la revue American Journal of Marriage and the Family va peut-être vous aider. Cette étude a suivi 80 couples, mariés depuis 5 ans, sur une durée de quatorze ans. Au bout de quatre ans, 7 couples avaient divorcé. Après 10 années supplémentaires, 13 de plus n'étaient plus ensembles. Deux profils de couples à risque auraient ainsi été déterminés : les couples qui se disputent souvent et ceux qui au contraire ont des relations très froides. Bien sûr, dans les deux cas ce n'est pas réellement une surprise ! Les couples trop froids ou au contraire trop conflictuels ne semblent pas vraiment faits pour s'entendre !

Deux périodes à risque

Cette étude a également identifié deux périodes à risque. La première concerne les sept premières années de mariage durant laquelle les probabilités de divorce seraient élevées. La seconde période de fragilité se situerait aux alentours de 14 ans de mariage. Selon les psychologues, cela s'explique par l'autonomie de plus en plus grande des enfants, qui laisse aux parents du temps pour réfléchir à leur relation et faire le bilan de leur mariage.

L'une des surprises de l'étude est d'avoir trouvé un lien entre les deux profils à risque et les deux périodes de fragilité. Ainsi, les couples qui se disputent trop souvent seraient ceux qui divorcent dans les premières années de mariage et les couples trop distants seraient plus vulnérables après 14 ans de vie commune.

Un mariage sur trois se termine par un divorce

Espérons que la connaissance de ces périodes de fragilité pourra permettre à certains couples de sauver leur mariage. Selon l'Institut national des études démographiques (INED), environ 35 % des mariages se soldent par un divorce. En 1998, 116 000 divorces ont été prononcés. Le nombre d'unions devant le maire, lui, se redresse légèrement, avec 280 000 mariages en 1999. Dans l'ensemble de l'Union Européenne, la proportion est de trois mariages pour un divorce, contre quinze pour un il y a quarante ans.

Vivre avec l'enfant de l'autre

Familles éclatées, recomposées... Quand les couples se séparent et que de nouveaux couples se forment, les

enfants réagissent parfois mal. Difficile alors de vous faire accepter par l'enfant de votre nouveau conjoint(e). Comment concilier l'amour des adultes avec l'amour pour les enfants ?

Le père, la mère, les enfants sous un même toit : ce fut longtemps le modèle classique de la famille. Mais aujourd'hui, désorientés par les contraintes imposées par la parentalité ou craignant de passer à côté de leur vie, nombre de couples avec enfants s'estiment d'humeur incompatible et se séparent. L'enfant, dans plus de deux tiers des cas, reste avec la mère. Lorsque les parents "refont leur vie", c'est-à-dire, qu'ils s'installent avec un nouveau conjoint, l'enfant est confronté non plus à deux parents unis puis séparés, mais à trois voire quatre adultes qui exercent sur lui leur autorité. Devant une situation parfois confuse, l'enfant se révolte, rendant les relations des nouveaux couples difficiles.

Autorité et responsabilité

Le nouveau conjoint n'a aucun statut juridique vis-à-vis de l'enfant de l'autre. Par contre, il a des responsabilités et des devoirs envers lui. Cette ambiguïté attise fréquemment la guerre conjugale : le parent biologique supporte souvent mal les choix – notamment scolaires – du nouveau compagnon (compagne) de son ex-conjoint. L'enfant se trouve alors pris en otage dans des querelles d'adultes : plus personne ne réussit à asseoir son autorité, et l'enfant joue de ce malaise : "Tu n'es pas mon père donc tu ne me commandes pas", tout en reprochant à son père biologique son absence. Le nouveau compagnon (compagne) se sent bafoué(e), malgré ses efforts ; l'histoire d'amour vire à la lutte d'influences jusqu'à la rupture, parfois.

La perception de l'enfant

L'enfant perçoit le(la) nouvel(le) ami(e) de sa mère ou de son père comme un intrus qui rompt l'intimité, gagnée au prix de la séparation de ses parents. Volontairement ou inconsciemment, il peut chercher à mettre en échec cette nouvelle relation, d'autant plus qu'il n'a pas renoncé à "raccommoder" ses parents. Ce n'est donc pas seulement en se rendant sympathique à un enfant, en lui souriant, en le couvrant de cadeaux ou encore en satisfaisant tous ses caprices, que le nouvel arrivant réussira à vivre harmonieusement avec lui.

Comment éviter les conflits en chaîne ?

Trouver sa place nécessite de respecter quelques principes :

- Ne pas vivre en invité dans le logement familial déserté par le père ou la mère biologique, mais proposer une concertation collective pour un nouvel aménagement de l'espace, qui tiendra compte de l'existence de chacun.

- Ne pas se substituer au parent absent en matière d'affection ou d'autorité, mais définir avec le parent présent et les enfants les règles de vie commune (participation aux tâches ménagères, rangement des chambres...).

- Respectez le refus de l'enfant de se confier à un "étranger".

- Ne pas jouer au chef de famille qui décide de tout, alors que l'enfant s'est accoutumé à voir sa mère ou son père régler la vie familiale. Plutôt que de tout bouleverser, mieux vaut discuter en couple, et devant l'enfant, des projets, des modifications dans l'organisation familiale... De même qu'on s'adapte au mode de vie de l'adulte dont on est amoureux, sans pour autant renoncer à ses propres goûts, il est nécessaire de s'adapter à l'enfant, sans pour autant s'effacer devant lui.

- Ne pas jouer la comédie de l'amour à un enfant, si l'on ne réussit pas à bien s'entendre dès le début : l'enfant sentira le mensonge et perdra toute confiance en ce nouvel adulte : mieux vaut prendre le temps de s'apprivoiser l'un à l'autre.

En bref, mieux vaut beaucoup parler avec l'enfant. Cela aidera le parent présent à imposer son choix d'un nouveau conjoint. Certes, cela n'empêchera pas les enfants d'avoir parfois des accès de révolte : ils n'ont pas eu le choix dans ce bouleversement familial ! Inutile alors de déterrer la hache de guerre : le calme et la fermeté sont plus efficaces pour surmonter ensemble les obstacles !

Acceptez votre conjoint tel qu'il est !

Si l'amour est un sentiment merveilleux, la vie de couple n'est pas forcément une sinécure ! Entre les frictions et les incompréhensions, on peut se demander si hommes et femmes sont faits pour vivre ensemble ! Et si la clé du bonheur était d'arrêter de vouloir à tout prix changer l'autre, pour l'accepter tel qu'il est ?

En moins d'un demi-siècle, les modèles féminins et masculins ont considérablement changé. Sur bien des aspects l'homme et la femme tendent maintenant à se ressembler de plus en

plus, gommant les spécificités. Or, selon John Gray, auteur du livre "Les hommes viennent de Mars, les femmes viennent de Vénus"*, ce serait la cause essentielle de l'échec actuel des relations de couple.

Ainsi il serait préférable d'accepter l'autre tel qu'il est plutôt que de vouloir absolument le faire changer. Cette condition serait même indispensable pour que le couple puisse "tenir la route". Alors, devez-vous cesser d'attendre l'impossible ?

Des extraterrestres l'un pour l'autre…

Pour John Gray, la différence entre hommes et femmes serait aussi radicale que s'ils étaient issus de deux planètes éloignées : leurs façons de communiquer, d'agir, de ressentir, de penser et d'aimer seraient complètement différentes. Les hommes prôneraient l'efficacité, la réussite, l'autonomie, le pouvoir et seraient davantage intéressés par les objectifs et les résultats que par les relations et les personnes. Pour les femmes ce qui compte, ce serait l'échange, les sentiments, le don de soi, l'intimité.

Des besoins affectifs de base différents

En s'appuyant sur ses 20 ans d'expérience de thérapie du couple, John Gray dresse ainsi une liste des priorités affectives des hommes et des femmes engagés dans une relation amoureuse. Autrement dit, il définit ce dont ils ont impérativement besoin pour se sentir aimés et épanouis dans leur couple. Selon lui, les femmes attendraient avant tout de l'attention, de l'écoute, de la compréhension, du respect, de l'attachement, la reconnaissance et l'acceptation de leurs sentiments (de leurs humeurs changeantes aussi). Les hommes, pour leur part, demanderaient avant tout de l'admiration, de l'approbation, de la confiance et d'être appréciés tels qu'ils sont (sans que l'on cherche à les changer).

Autant dire que face à de telles divergences les malentendus et les conflits sont innombrables. Les mésententes sont inévitables si chacun attend de l'autre qu'il ait des centres d'intérêt et un comportement amoureux identiques au sien !

Evoluer ensemble…

Redécouvrir que nous sommes radicalement différents et prendre en compte les besoins de chacun seraient donc les premiers pas à faire pour donner une chance à son couple. Comprendre le conjoint et l'accepter évite d'accumuler les frustrations, les rancœurs, les déceptions pour tout ce qu'on attend et qui ne vient pas (ou pas comme on le souhaite). De plus, cette meilleure compréhension permet d'offrir à l'autre ce dont il a réellement besoin.

C'est uniquement une fois cette compréhension mutuelle installée que le couple peut aller de l'avant. Les hommes et les femmes sont alors prêts à évoluer et faire les menues concessions indispensables à l'aménagement d'une relation satisfaisante et suffisamment solide pour tenir dans les intempéries.

A vous donc de faire preuve d'ouverture, de tolérance, de respect... Ces qualités vous seront utiles dans votre couple, mais également dans votre vie en général !

Mieux comprendre le couple

Alors qu'à notre époque en Europe, la constitution du couple procède la plupart du temps d'un choix personnel des conjoints, on constate que les couples qui se font sont de plus en plus nombreux à se défaire. Actuellement en région parisienne, la durée de vie des couples est de sept ans en moyenne.

L'accès des femmes à la contraception et à l'indépendance économique a pour conséquence de ne plus les lier à un homme à cause d'une grossesse non désirée ou de la nécessité d'une sécurité matérielle. De leur côté, les hommes se trouvent déliés en partie de leur engagement traditionnel de protection envers leur femme.

Si bien qu'actuellement l'investissement affectif est considéré comme un ciment majeur du couple et si les déceptions surviennent, le couple se trouve très menacé.

Les attentes du couple

Il est important pour chaque conjoint d'avoir une vision claire des attentes personnelles projetées sur son couple. Quelles sont ces attentes ?

- Un état amoureux permanent ?
- Une sérénité permanente, l'absence de dissension ?
- Une vie sociale active, une réussite professionnelle, avec l'appui du conjoint ?
- Un lieu sécurisant pour les enfants ?
- Une harmonie familiale englobant les parents, les enfants, les petits enfants ?
- Une réussite financière ?
- Un partage de loisirs ?
- Une harmonie sexuelle ?
- Une guérison radicale de ses problèmes personnels ?

Tout bien pesé, l'on peut déjà se rendre compte que l'autre n'est pas entièrement responsable de nos échecs, ce qui en soit peut faire diminuer l'intensité du ressentiment et des reproches projetés sur le conjoint.

Evolution du couple

Deux stades d'évolution affective ont été décrits dans le couple.

1. Le premier stade est celui de l'état amoureux.

Quand l'autre n'est pas là, on est en manque ; on ne peut plus rien apprécier de ce qui nous entoure. Grâce à l'autre les soucis sont rendus supportables ou même sont oubliés et l'on pense que l'autre aura toujours ce pouvoir : nous rendre heureux malgré tout ce qui pourra arriver.

L'autre présente alors toutes les qualités pour être le support de cet amour idéal que l'on porte en soi. Si certains comportements de l'autre nous dérangent, on ne veut pas les voir, on les trouve sans importance ou on ne les remarque même pas.

Ce premier stade est également appelé stade fusionnel.

2. Le deuxième stade est celui de l'attachement ou stade institutionnel.

Les conjoints décident que leur relation va s'inscrire dans la durée. Ils établissent un contrat conjugal plus ou moins explicite comportant habituellement les décisions de vivre sous le même toit, avoir une sexualité partagée, s'apporter une aide mutuelle affective et financière, avoir des enfants.

A ce stade, l'autre apporte toujours un certain bonheur par sa présence, mais le sentiment de manque du stade fusionnel est moins fréquent, ou même disparaît. Ce n'est que l'absence qui le fait réapparaître.

La nostalgie de cet état fusionnel, qui a pu paraître merveilleux, entraîne parfois certaines personnes dans une telle frustration qu'elles pensent ne plus aimer leur conjoint. Il faut faire le deuil de cet état qui, par essence, n'est pas durable.

C'est à ce stade d'attachement, quand les difficultés quotidiennes surgissent, qu'il va devenir essentiel que chacun puisse exprimer à l'autre les attentes projetées sur le couple (voir les attentes du couple).

Chacun ressent le besoin de reprendre contact avec des champs d'action qui lui sont propres. L'acceptation de domaines partagés et non partagés, le bon équilibre entre les deux, sont nécessaires à la bonne entente conjugale.

Vivre sous le même toit implique un partage des rôles (ménage, obligations administratives, éducation des enfants, etc.). Si aucun des deux conjoints n'apprécie un rôle, ce rôle va-t-il être partagé, ou laissé à celui qui cède ? Et si les deux conjoints adorent un même rôle, va-t-il être partagé ou entièrement confisqué par l'un ?

Les enfants peuvent être une source de conflit. Quelles règles leur donner ? Quelles libertés, quelles contraintes ? Comment partager son temps entre son conjoint et ses enfants d'une part, et ses besoins d'être seul d'autre part ?

Pouvoir parler de ces attentes nécessite une bonne communication et le comportement, les modes de communication peuvent se révéler très différents : il va falloir s'adapter au mode de communication de l'autre.

A ce stade d'attachement s'élabore le contentieux conjugal, qui s'alimente aux frustrations et déceptions du couple. Ce contentieux va souvent s'exprimer inconsciemment dans le champ de la sexualité par une baisse du désir en particulier, des deux ou de l'un des conjoints.

Cette gestion de la mésentente conjugale peut bénéficier de l'aide d'un thérapeute.

Du temps pour découvrir l'autre

Le coup de foudre, l'état de manque, le sentiment fusionnel sont des expressions d'un état transitoire qui permet d'amorcer l'attachement.

C'est ce temps d'attachement, s'il s'inscrit dans la durée, qui va permettre de découvrir la différence de l'autre et d'aimer l'autre malgré sa différence ou mieux encore pour sa différence.

Pourquoi les hommes n'écoutent qu'à moitié ?

Il y aurait peut-être une justification scientifique au peu d'attention dont les hommes sont capables. Des chercheurs de l'université d'Indiana (Etats-Unis) ont trouvé l'explication à ce problème ancestral : les hommes ne sollicitent que la moitié de leur cerveau lorsqu'ils écoutent tandis que les femmes utilisent les deux hémisphères cérébraux.

Voilà une étude qui pourrait alimenter bien des conversations et relancer une guerre des sexes.

Que d'une oreille… ou plutôt que d'un lobe

Equipés d'écouteurs, vingt hommes et vingt femmes prêtèrent attention à la lecture d'un passage d'un roman de John Grisham. Durant cet exercice, et sous l'œil d'un scanner IRM (imagerie par résonance magnétique) qui passait leur cerveau au crible, la majorité des hommes montrèrent une activité cérébrale du seul lobe temporal de l'hémisphère gauche, généralement associé aux fonctions d'écoute et au langage. A contrario, le cerveau de la majorité des femmes témoigna d'une activité sur le lobe temporal des deux hémisphères, tant le gauche que le droit, couramment utilisé pour les activités musicales et la situation dans l'espace.

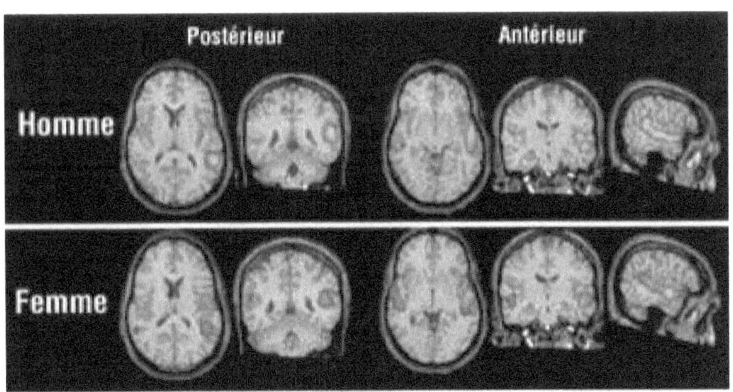

© Department of Radiology at the Indiana University School of Medicine

Les zones d'activité cérébrale en rouge soulignent que les hommes utilisent un lobe pour écouter, les femmes deux.

L'étude présentée lors de la réunion annuelle de la société de radiologie d'Amérique du Nord à Chicago ne précise cependant pas si les hommes ont une capacité d'écoute inférieure aux femmes. "Notre recherche suggère que la façon d'écouter diffère entre les deux sexes, mais cela n'implique pas nécessairement que les capacités et les performances vont de pair", précise le professeur Joseph Lurito, responsable de l'étude.

Vers une nouvelle guerre des sexes ?

Cette découverte permet de cartographier plus précisément les zones du cerveau consacrées au langage. En soulignant des particularités liées au sexe, ces travaux aideront les chirurgiens à préserver ces zones lors d'opération. "Ainsi, les scientifiques qui travaillent actuellement à améliorer les procédés d'imagerie médicale, tels que les scanners IRM et tomographies à émission de positons, doivent être conscients des spécificités de chaque sexe", déclare le Dr Phillips, co-auteur de l'étude.

Y aurait-il là de quoi alimenter une nouvelle guerre des sexes ? Les uns diront que les femmes sollicitent la totalité de leur cerveau pour écouter des conversations ou pour d'autres activités, comme cela a été montré dans d'autres études telles que la lecture ou diverses tâches verbales. Les autres trouveront une réponse scientifique à la faculté des femmes de suivre plusieurs conversations à la fois ou, selon certains experts, à celles d'apprendre à lire et à parler plus vite que les hommes.

Au cerveau des hommes, qui comporterait des zones bien définies, le cerveau des femmes apparaîtrait plus bilatéralisé, les deux lobes travaillant de concert pour de nombreuses tâches.

Ces découvertes pourraient également aider à comprendre comment les hommes et les femmes peuvent se remettre différemment d'une tumeur au cerveau ou d'une attaque cérébrale, les femmes ayant plus de facilité à recouvrer plus rapidement leur faculté d'écoute.

Bonheur du couple : les recettes

Après plusieurs années de vie commune, certains couples s'en sortent plutôt bien, alors que d'autres s'enlisent dans un quotidien insatisfaisant ou des conflits permanents. De

recette miracle il n'y a pas... Mais quelques petites règles élémentaires peuvent contribuer à faire durer son couple dans le bonheur et la sérénité.

Pour vivre durablement son couple, il faut être sûr de "rouler dans la même direction". Si vous désirez avoir un enfant, ne choisissez pas un partenaire qui n'en a aucune envie sous peine de vous heurter fatalement à un obstacle majeur dans l'évolution de votre couple. Evoquez aussi ensemble des notions telles que la fidélité, la liberté, l'indépendance. Mieux vaut être sur la même longueur d'ondes. De temps en temps, refaites le point : vous évoluez et votre histoire d'amour aussi. Sachez vous adapter aux nouvelles donnes de votre existence commune en toute connaissance de cause.

La découverte et la redécouverte de l'autre

Pour aimer quelqu'un, il faut apprendre à le connaître. Intéressez-vous à ses petits plaisirs, ses préférences et ses espoirs, mais aussi ses craintes et ses préoccupations. Cette attention de chaque instant vous conduira à établir une relation de confiance et de compréhension mutuelle.

Sachez être rassurant-e.

Dans un couple, la notion d'insécurité entraîne celle de peur. En instituant la confiance, vous pouvez réussir à ce que votre couple ressemble à un havre de paix, à un réel engagement. Ainsi, vous réussirez à vous abandonner à l'amour, à l'autre, en laissant libre cours à vos émotions.

S'aménager des espaces de liberté

Votre vie en dehors du couple (sorties, discussions, lectures, activités sportives, etc.) est essentielle. Elle vous permet d'exister, à certains moments, en dehors de l'autre. Tant qu'elle est source de construction et non pas fuite de vos responsabilités, cette vie personnelle vous permettra de communiquer à l'autre vos sensations, vos émotions et votre expérience, d'en discuter ensemble et de vous enrichir mutuellement.

Votre partenaire vous a choisi-e pour ce que vous êtes. Il sera ravi de vous voir vous épanouir si vous savez lui transmettre cet enrichissement. Mais ne tombez pas dans l'excès inverse : cultivez vos centres d'intérêt communs, prenez du plaisir à sortir ensemble, à découvrir, apprendre et partager des moments qui ne seront qu'à vous.

Savoir accepter la différence

Considérez les défauts et les faiblesses de l'autre avec indulgence. Ils ne lui enlèvent en rien ses qualités, celles pour lesquelles vous l'avez choisi. Dans la vie quotidienne, apprenez à relativiser les petits conflits, à les hiérarchiser. Ce n'est pas parce que le ton monte qu'une relation est en danger. Au contraire, exprimer ses ressentiments ou son désaccord, montrer de la colère, c'est sortir de soi-même un mal-être qui, s'il restait enfoui, pourrait prendre, par la suite, des proportions catastrophiques. Ecoutez donc ce que vous dit votre partenaire sans confondre systématiquement remarque un peu vive et critique. Et n'amalgamez pas le refus et le rejet.

Dans les difficultés plus intenses…

N'attendez pas que la situation s'envenime. Parlez de votre mal-être, de vos interrogations ou vos angoisses. Dressez un état des lieux à deux, essayez de trouver des réponses à deux. Avez-vous respecté les "règles" du jeu que vous aviez mises en place dès le départ dans votre couple ? Réfléchissez ensemble aux raisons essentielles qui ont réuni votre couple. Sont-elles remises en cause ? Ne vous braquez pas : certains conflits (fréquence des relations sexuelles, partage des tâches, éducation des enfants…) ne trouveront de solutions qu'avec des arrangements, des compromis et de la tolérance.

Le couple… un pari

Diversité des individus, des histoires et des équipages, il n'y a, bien sûr, pas de baguette magique pour faire durer son couple. Sans vivre dans une peur permanente de lendemains qui déchantent, la relation de couple ne doit jamais être considérée comme acquise. Il faut constamment la nourrir, la respecter et la chouchouter comme elle le mérite et comme elle l'exige. Si l'on veut que son couple dure.

Amours de vacances : durée limitée !

Coups de foudre, amourettes ou amour fou : les vacances se prêtent à merveille aux aventures sentimentales. Mais ces histoires sont-elles faites pour durer ?

Si les rencontres se multiplient pendant les vacances, ce n'est pas un hasard : durant cette période vouée au repos et à la remise en forme, les conditions de vie sont idéales !

Chaude ambiance.

Vous n'avez plus de contraintes horaires, vous oubliez les petits tracas du quotidien qui vous mettaient de si méchante humeur, il n'y a pas si longtemps ! Vous avez le temps de vous occuper de vous et, particulièrement de votre corps. Soleil et sommeil aidant, vous embellissez : plus de cernes, plus de rides mais une belle peau bronzée ! Finie l'obsession du régime amaigrissant : vous mangez à belles dents et pratiquez le sport ou la bronzette avec entrain ! Comment s'étonner alors que l'on soit séduit par votre apparence et votre disponibilité ? Vous-même, vous craquez facilement : que ce soit au club, à la plage ou en boîte, vous êtes sensible aux sourires qui vous sont adressés.

Amour et liberté

Les vacances, c'est un entre-deux hors du temps, sans passé ni futur. Vous vivez au jour le jour, c'est si reposant. Vous partagez une passion avec un(e) inconnu(e) : sport, voyage. Peu importent vos situations sociales respectives, les études que vous faites ou vos professions : ce sont les aventures du moment qui vous unissent, et non, comme en temps ordinaire, le milieu dans lequel vous vivez. Vous recevez comme un cadeau ce petit miracle du bien-être à deux, où l'on oublie morale et principes, vous vous laissez aller au plaisir d'être ensemble, tout simplement.

Amour ou illusion ?

Mais ce partenaire qui vous plaît tant, l'auriez-vous connu en temps normal ? Se serait-il intéressé à vous ? Est-ce une erreur de croire à votre amour réciproque ? Qu'importe ! Le bonheur n'est pas programmable ; saisissez-le quand il frappe à votre porte ! Pour autant, n'imaginez pas avoir rencontré l'homme ou la femme de votre vie ! Plutôt que de gâcher le présent en envisageant l'avenir, sachez accepter que cette histoire soit éphémère. Vous n'aviez pas prévu cette relation ? Alors n'en pronostiquez pas la durée !

Quand les contraintes s'interposent.

Car, une fois les vacances terminées, les retrouvailles sont souvent décevantes : celui ou celle, qui vous avait tellement plu pour sa spontanéité ou sa joie de vivre, a complètement changé. Son apparence même s'est modifiée : sa coiffure est plus raide, ses vêtements sont redevenus une carapace. Finies les sorties jusqu'à des heures impossibles, les fous rires à s'en briser les côtes : il ou elle est redevenu(e) sérieux(se), en réintégrant sa famille, son travail, ses habitudes. Seules quelques rencontres exceptionnelles échappent à cette règle, parce que ce sont réellement deux " personnes " qui se sont trouvées et non ce qu'elles paraissaient être l'espace de quelques jours. Mais même si la plupart de ces romances ne sont pas faites pour durer, pourquoi s'en priver ? Grâce à elles, peut-être apprendrez-vous à vivre plus librement et, du coup, vous saurez séduire la véritable âme sœur !

"Le sexe, ça s'apprend"

Le sexe, tout le monde en parle ! Les moyens d'information ne manquent pas et les médias regorgent d'articles et de reportages sur des sujets "coquins". Pourtant nos connaissances reposent souvent sur des idées toutes faites, qui peuvent mettre en péril notre vie amoureuse ! Philippe Brenot, psychiatre et anthropologue, enseigne la sexologie à l'université de Paris V René Descartes. Il décrypte dans son ouvrage "Le sexe et l'Amour", nombre d'entre elles.

Votre livre est un véritable manuel d'éducation sexuelle pour adultes. Les idées reçues sont donc encore nombreuses ?

Philippe Brenot : Le premier grand mythe c'est de penser que "le sexe c'est naturel". C'est avec un tel discours que l'on a longtemps refusé de faire de l'éducation sexuelle puisqu'il n'était pas utile de comprendre les mécanismes. En réalité, le sexe est culturel, il est le fruit d'un apprentissage. Si les idées reçues ne manquent pas, c'est que nos connaissances sont encore lacunaires. Nous pouvons ainsi décrire la sexualité des femmes, mais ses mécanismes demeurent largement inconnus. Le fonctionnement de l'érection était quant à lui ignoré il y a moins de dix ans. Notre compréhension du phénomène a progressé avec la découverte par hasard de produits qui avaient de l'effet.

Banalisation de l'adultèrc, échangisme, voyeurisme, la levée de ces tabous semblent profiter essentiellement aux hommes. Qu'en est-il réellement ?

Philippe Brenot : Toute pratique sexuelle entre deux adultes est libre dans la mesure où il n'y a pas de contraintes. L'adultère dépend de sa morale personnelle. Des couples affirment ne pas en être gênés, même si je suis personnellement réservé sur les conséquences à long terme pour l'équilibre de leur relation. L'échangisme, voire le mélangisme qui implique plus de deux personnes, introduit (outre la relation avec un autre partenaire) le voyeurisme et l'exhibitionnisme puisque l'acte est pratiqué en présence de l'autre. La femme est alors échangée au sens propre du terme. Dans un cas comme dans l'autre, je ne crois pas qu'un couple en sorte indemne si la pratique devient habituelle. La notion de perversité pour des comportements sexuels a disparu en elle-même mais il existe toujours des personnalités perverses. Elles s'inscrivent dans une compulsion de répétition et manipulent le partenaire pour lui imposer des contraintes. Le désir de l'autre n'est plus respecté.

Le discours commun insiste beaucoup sur le plaisir. Certaines personnes ne risquent-elles pas de se trouver marginalisées par cette "pensée unique" ?

Philippe Brenot : La tyrannie du plaisir existe, c'est évident. Elle s'exprime en particulier dans les magazines féminins qui dressent une image faussée de la sexualité. Tout le monde est censé jouir sans problème. Ces médias imposent une surreprésentation des minorités alors que le transsexualisme, la bisexualité concernent finalement peu de monde.

Cette vision est celle d'un petit groupe parisianiste dans lequel gravitent les comités de rédaction. Le sexe est toujours abordé sous un aspect ludique et sert de prétexte à l'amusement, mais il est rare que l'on parle sérieusement de sexe à la télévision. La radio propose davantage d'émissions dans lesquelles des problèmes sont évoqués et où les personnes sont réellement écoutées.

Dans ce contexte quel est le secret d'un couple qui dure ? La construction d'une relation sur le long terme est un exercice difficile.

Philippe Brenot : Au Moyen-Age, la durée de vie des couples était de 13 ans, et de 25 ans au XIXe siècle. Aujourd'hui, un couple qui se forme vers 20 ans peut vivre jusqu'à 60 ans ensemble. Il s'agit donc d'un phénomène récent. Or sur une durée aussi longue, plusieurs tranches de vie se succèdent. Chacun gagne en maturité à son rythme qui peut être différent, l'homme souhaite par exemple souvent acquérir une plus grande liberté. Le secret des couples qui durent réside dans la capacité des conjoints à inventer des couples successifs et à entretenir un érotisme, c'est-à-dire une tension du désir de l'un pour l'autre. Faute d'y parvenir les partenaires constitueront de nouveaux couples pour se renouveler. Mais la plupart des personnes n'ont pas envie de vivre des séparations.

Comportements sexuels : les femmes pas si différentes…

Les femmes auraient plus tendance à mentir sur leur vie sexuelle que les hommes. Contrairement à ce que suggéraient les précédentes enquêtes, les femmes minimiseraient le nombre de leurs conquêtes. Ces résultats ont été révélés par une étude américaine utilisant un faux détecteur de mensonges.

Selon l'enquête Durex 2001[1], le nombre de partenaires sexuels moyen sur la planète est de 7,7. Les personnes de 25-34 ont eu 8 amants et les 16-20 ans en annoncent déjà plus de 5 (5,1). Les Américains déclarent 14,3 partenaires en moyenne, suivis par les Français (13,2) et les Australiens (11) alors que les Allemands n'en comptent que 8,2. Chez les plus fidèles, les Chinois ne rapportent que 2,1 partenaires suivis des Indiens (3) et des Taiwanais (3,3). Mais au-delà de ces différences géographiques, il existe une constante : les hommes rapportent toujours un "tableau de chasse" plus important que les femmes… La faute aux machos ?

Depuis les années 1960, ces enquêtes sur les comportements sexuels se heurtent à un étrange mystère. Les hommes rapportent systématiquement deux à quatre fois plus de partenaires, plus de rapports et une vie sexuelle plus précoce que les femmes. Les proportions sont telles que des déséquilibres démographiques ou de pratiques homosexuelles ne sauraient expliquer ces différences.

Jusqu'à présent, les scientifiques accusaient ainsi les représentants de la gente masculine d'exagérer leurs talents d'amants, en toute mauvaise foi machiste. A contrario, le beau sexe était suspecté de légèrement minimiser leurs nombres de partenaires. Selon des chercheurs canadiens[2], le mode de remémoration pourrait être en cause. Les hommes auraient tendance à répondre par approximation alors que les femmes ont tendance à procéder par énumération. Résultat : une surévaluation masculine et une minimisation féminine.

Mais une étude américaine assez insolite pourrait bien remettre en cause ces préjugés. Les plus gros menteurs ne seraient pas forcément ceux qu'on croit.

Hou la menteuse !

Les chercheurs Terry Fisher et Michele Alexander[3] ont interrogé plus de 201 étudiants célibataires hétérosexuels et âgés de 18 à 25 ans (96 hommes et 105 femmes). Leurs comportements sexuels ont été collectés dans différentes conditions. Un groupe devait remplir un questionnaire sur leur sexualité sachant que l'examinateur allait le lire. Un second groupe était laissé seul dans une pièce avec la garantie de l'anonymat de leurs réponses. Enfin, un dernier groupe renseignait le questionnaire tout en ayant les deux bras reliés à une machine décrite comme étant un détecteur de mensonges... mais n'ayant en réalité aucune fonction.

Résultats : les réponses des hommes ont assez peu varié, quel que soit l'environnement (4 pour le dernier groupe contre 3,7 pour le second). Mais les résultats féminins ont réservé d'importantes surprises. Celles qui pensaient que leur réponse allait être lue ont rapporté en moyenne 2,6 partenaires sexuels, contre 3,4 partenaires pour les questionnaires anonymes. Enfin, les femmes reliées à la fausse machine infernale ont déclaré avoir eu 4,4 partenaires sexuels !

Des comportements sexuels féminins pas si différents...

"Les femmes sont plus sensibles à la pression sociale vis-à-vis de leur comportement sexuel et pourraient être moins honnêtes quand elles sont interrogées sur leur vie sexuelle dans des conditions d'enquête" déclare Terri Fisher, co-auteur de l'étude et professeur de psychologie.

Selon elle, ces résultats sont loin d'être étonnants. "Notre culture prête aux hommes et aux femmes un comportement sexuel bien différent" déclare-t-elle. Ainsi sous peine de passer pour une femme facile, les femmes répondraient en fonction de ce qu'on attendrait d'elles, c'est-à dire des comportements sexuels systématiquement orientés vers une relation.

La plupart des études précédentes sont basées sur des interviews en face-à-face. Dans de telles conditions, les femmes seraient amenées à mentir un peu plus... Le Pr. Fisher ne recommande pas pour autant le recours systématique au faux détecteur de mensonges, mais elle pense que des questionnaires anonymes permettraient d'obtenir des résultats plus honnêtes.

Au-delà de l'aspect méthodologique, cette enquête souligne que les différences hommes-femmes sont plus autour de leurs attitudes que de leurs comportements sexuels. "Nos résultats pourraient refléter un changement en cours selon lesquels les femmes ne sentent plus aussi fortement le besoin de satisfaire les attentes concernant leur comportement sexuel" déclare Terry Fisher.

Un break peut-il sauver votre couple ?

"Nous ne vieillirons pas ensemble" ! Quand l'union semble tourner court et que le couple bat de l'aile, la tentation de rompre est grande. Pourtant, envisager de faire un break, une parenthèse de réflexion en solo, peut permettre d'éviter le pire. Conseils pour contourner la crise.

"C'est insupportable", "Quand j'aurai franchi le pas de cette porte, je te demande de m'oublier !", "Je te déteste !". Hurlements, vaisselle cassée, lettre de rupture... Quand la crise pointe son nez, quel que soit son mode d'expression, on a qu'une envie : le (la) planter-là, en jurant qu'on ne vous y reprendrait plus. Bref : rompre.

Parer à la crise

"On s'est progressivement éloigné l'un de l'autre, on n'a plus rien à se dire. Il n'y a plus de désir". La plainte de Vanessa, est celle de bien des couples en crise. "Pour résumer, on ne

supporte plus l'autre ou bien on s'ennuie à mourir avec",
explique Nicole Fabre*, psychanalyste. La crise est rarement
simultanée. L'autre souvent ne s'y attend pas, pire, il tombe
des nues. La parenthèse en solo, à ce moment crucial, un
break, peut éviter bien des ruptures. Cette période de réflexion
est une alternative que propose aujourd'hui beaucoup de
thérapeutes de couple.

Pour quoi faire et comment le faire ? Ce n'est pas si difficile et
ça vaut la peine d'essayer.

Un besoin de respirer

Le scénario est classique : concilier sa vie de couple, de
famille et sa carrière professionnelle ressemble fort à un
casse-tête chinois. Vous avez eu beau vous investir dans la
relation, elle s'est détériorée au fil du temps. Sensation
d'étouffement, problème de communication... La crise peut
correspondre à un besoin de respirer, qui n'est pas forcément
celui de tout plaquer. "Faire un break, c'est mettre une
distance, prendre du recul. Ce temps de solitude sert à faire le
point, pour ensuite repartir sur de meilleures bases", explique
Nicole Fabre. La plupart du temps, l'histoire capote quand on
est arrivé au bout d'une forme relationnelle, et qu'on n'a pas
encore inventé la prochaine. Cette parenthèse offre à chacun

des partenaires l'opportunité d'apprendre à vivre l'un sans l'autre, et donc différemment avec l'autre. A prendre en charge une vie autonome tout en ménageant des points de rencontre. Le break peut se révéler alors l'avènement d'une nouvelle relation.

Pause : mode d'emploi

Mélanie ne se voit pas passer la totalité des vacances avec son mari, "Je ne sais plus où j'en suis". Une pause se décide ensemble. "Les vacances représentent un moment idéal, pour se séparer momentanément", propose Nicole Fabre. Vous pouvez inventer des modalités différentes. Qu'elle dure 8 ou 15 jours, peu importe. La consigne principale tient en peu de lignes : ne pas se voir, ni être pendu au téléphone pour savoir comment va l'autre. Pas question non plus de le laisser tomber complètement. Rappelez-vous, on en profite pour faire le point : quels sont vos sentiments pour l'autre, que partagez-vous vraiment, de quoi avez-vous envie profondément dans la relation. Ce n'est pas un constat d'échec, mais un temps de réflexion. Une fois que vous avez mesuré à la fois votre degré d'attachement à l'autre et votre capacité d'autonomie, vous pouvez alors refaire le choix de vivre ensemble, sur de nouvelles bases.

Bien sûr, les breaks peuvent se prolonger. "Je suis partie vivre chez une amie pendant 3 mois", raconte, Sabrina, un an après son mariage et 3 ans de vie commune. Il n'y a pas de règle absolue sur la durée, chacun la sienne. Attention néanmoins à ne pas user des breaks à répétition. C'est alors un signe de difficultés à rompre. Si attendre sans bouger dans la frustration est dangereux, prolonger les adieux l'est tout autant.

Le mariage, c'est la santé !

On peut se marier pour différentes raisons : sentiments, statut social... et santé ! Car le fait de vivre une union harmonieuse aurait des effets bénéfiques sur la tension artérielle ou le taux de cholestérol, du moins chez les femmes. Être en couple permettrait même de garder la ligne ! Une raison de plus pour se faire passer la bague au doigt ?

La robe blanche éloigne les blouses blanches ? C'est ce que sous-entend une étude américaine.

Les liens du mariage

Les chercheurs américains ont étudié 493 femmes sur une période de plus de 13 ans. Ils ont comparé deux groupes :

celles qui étaient mariées ou en concubinage et celles qui étaient célibataires, veuves ou divorcées. Ils les ont d'une part soumise à des analyses diverses (taux de cholestérol, tension…) et d'autre part, leur ont posé des questions sur leur vie familiale et leur degré de satisfaction de manière générale. Puis ils ont cherché les associations entre l'état civil et différents facteurs de risques cardiovasculaires.

L'union fait la force… du cœur

Et les résultats semblent sans appel : les femmes mariées et heureuses en ménage ont moins de risques cardiaques que celles qui ont une vie de couple moins épanouie ou vivent seules. Elles ont notamment une pression artérielle moins élevée, des taux plus bas de cholestérol…. Plus surprenant : elles ont également un indice de masse corporelle plus bas ! Ce qui signifie qu'elles sont globalement moins sujettes au surpoids ou à l'obésité.

Mieux dans leur tête !

Mais les bénéfices pour le cœur ne se sont pas tout. Ces dames semblent également moins sujettes aux troubles psychologiques. Ainsi, elles sont moins victimes de dépression ou d'anxiété. Le mariage a même le don d'adoucir les mœurs : les femmes vivant en couple sont de manière générale moins sensibles à la colère ou au stress. Les auteurs soulignent que la différence est particulièrement frappante entre les mariages heureux ou non. Celles qui ne s'entendent pas avec leur conjoint avaient significativement plus de problèmes psy. Selon les scientifiques, les femmes seraient d'ailleurs plus sensibles à l'harmonie au sein du couple. Une mésentente se répercuterait aussitôt sur leur humeur.

La présence d'un homme...

Comment s'expliquent ces bénéfices indéniables ? Plusieurs hypothèses sont évoquées par les auteurs de l'étude. Selon eux, l'isolement social est un facteur de risque d'apparition de problèmes psychologiques, de même qu'un mariage dans lequel règne la discorde. De même, les scientifiques pensent que la vie à deux oblige à une certaine hygiène de vie (repas plus réguliers, plus équilibrés...) que n'ont pas forcément les célibataires. Et il faut considérer le simple aspect matériel : un couple a généralement un pouvoir d'achat plus élevé qu'une personne seule. Il peut donc mieux subvenir à ses besoins.

Il faut souligner que ce n'est pas la première étude du genre. Les précédentes ont d'ailleurs mis en avant les bénéfices également pour les hommes de la vie à deux. Les deux sexes semblent ainsi faits pour vivre ensemble... Gageons que cette étude devrait aider le mariage à retrouver ses lettres de noblesse !

Comment gérer les conflits

Simple accrochage ou réelle dispute, les altercations surviennent souvent dans un couple. Même si ces moments de crise sont parfois nécessaires, ils ne doivent pas devenir un mode de vie ! Comment gérer les conflits ? Comment renouer le dialogue ensuite ? Un dossier à lire avant de vous fâcher à mort avec votre conjoint !

Les conflits sont nécessaires !

Les conflits sont souvent inévitables, notamment dans le couple. Mais s'ils sont un mauvais moment à passer, ils sont également une forme de communication qui peut être constructive. Le Dr Jean-Paul Austruy, psychiatre à Paris, nous explique le bon déroulement d'un conflit et les moyens de le résoudre.

Quelles situations sont propices au conflit ?

Dr Austruy : Toute situation relationnelle entraîne nécessairement des conflits. Ensuite, tout dépend du degré de liberté d'expression et d'égalité entre les individus. A l'origine d'un conflit, on trouve des intérêts divergents, des sentiments heurtés ou des désirs différents. En fait, le conflit pose la question de l'autre, qui a parfois la mauvaise idée de ne pas vouloir ce que l'on veut !

Tout le monde est amené à vivre des conflits ! Les moments de crise sont d'ailleurs inévitables et nécessaires dans une relation humaine aboutie. En cas de divergence, il est même souhaitable que l'affrontement arrive  à maturité et puisse s'exprimer. Il pourra alors se résoudre au mieux. Il est nécessaire que chaque individu aille jusqu'au bout de l'expression de sa position, sans qu'il y ait domination ou écrasement de l'un par l'autre. Bien sûr, le conflit ne doit pas non plus devenir la règle.

Existe-t-il des gens qui vivent uniquement par le conflit, et d'autres qui à l'inverse, ne le supportent pas ?

Dr Austruy : C'est vrai, il existe des gens qui portent en eux une amertume, une agressivité particulière.

Cela peut-être des gens dominants, qui peuvent même prendre plaisir à la querelle. A l'inverse, ces attaques permanentes peuvent être une forme de défense, qui vise à masquer certaines faiblesses. C'est souvent le cas des gens qui ont eux même subit des attaques par le passé, tel des parents agressifs ou méprisants. Ils se sont alors construits de manière défensive et agressive. L'exemple frappant, ce sont les personnes qui intentent des procès pour un oui ou pour un non. Au 19ème siècle, on considérait ce trouble comme une forme de paranoïa.

D'autres personnes vont effectivement éviter systématiquement tout conflit. C'est un comportement de fuite afin de se protéger. Chez eux, c'est la crainte de l'autre qui domine.

Comment réussir à gérer un conflit ?

Dr Austruy : Il faut que chacun soit entendu par l'autre. De même, le but n'est pas qu'une sorte de vérité objective se dégage du conflit : ce n'est pas un tribunal ! Il ne doit pas y avoir un gagnant et un perdant. Enfin, l'objectif n'est pas non plus de fixer la responsabilité de l'un par rapport à l'autre.

Ce qui compte dans les conflits, c'est que chacun puisse exprimer ce qu'il a sur le cœur, et sache qu'il a été entendu. Bien sûr, cela est difficile et suppose que chacun accepte le point de vue de l'autre, sans pour autant abandonner le sien. Il faut accepter d'écouter et de reconnaître des opinions divergentes, ce qui demande une certaine maturité. Mais cette étape est nécessaire à la résolution du conflit. Il y a ensuite forcément un temps de "métabolisation".

Comment se résolvent les conflits ?

Dr Austruy : C'est votre respect et le respect de l'autre qui va faire que vous allez tenir plus ou moins compte de son intérêt par rapport au votre. Si les deux interlocuteurs sont ouverts et à l'écoute, il se produit un rapprochement, une réconciliation. Si possible, une 3ᵉᵐᵉ solution communément acceptée peut-être trouvée. Le risque, la tentation inhérente à tout conflit, c'est que l'un des deux cherche à prendre le pouvoir sur l'autre. Cette tentative de domination entraîne forcément une mauvaise résolution du conflit, en laissant l'un des protagonistes insatisfaits.

Bien sûr, on ne peut pas toujours tomber d'accord ! Même si vous comprenez le point de vue de l'autre, vous pouvez ne pas l'accepter. Alors, le conflit n'aboutit pas à une résolution mais à une clarification de la situation. Or l'amour ne suppose pas que l'on se renie soi-même. Si l'autre veut quelque chose que l'on ne souhaite pas, il n'y a pas de solution naturelle. La seule issue est parfois la séparation.

Dans tous les cas, il est important que lors d'un conflit les émotions s'expriment. Elles montrent que les protagonistes sont sincères et défendent des idées auxquelles ils croient. Ce sont notamment les émotions qui vont permettre la réconciliation.

A ce propos, vous êtes un défenseur de l'expression des émotions.
Vous proposez d'ailleurs une thérapie, la Dynamique Emotionnelle. Pouvez-vous nous en dire plus ?

Dr Austruy : L'expression des émotions est essentielle. Malheureusement, nous sommes aujourd'hui dans une société qui sur valorise la pensée au détriment des réactions émotionnelles : quand quelqu'un pleure, on dit qu'il craque, quand il se fâche, on dit qu'il pète les plombs. On considère l'émotion comme un accident de parcours.

Pourtant, en réintégrant la dimension émotionnelle, on arrive à plus d'humanité chez les gens. Dans les relations avec les autres, cela permet plus de sincérité et une meilleure compréhension mutuelle. Bien sûr, les émotions peuvent également être utilisées de manière pervertie, comme il peut exister une perversion du discours ou de l'autorité.

Avec le Dr Etienne Jalenques, qui a inventé la méthode de la Dynamique Emotionnelle il y a plus de trente ans, nous proposons cette thérapie aux patients qui souffrent de mal de vivre, d'angoisse, de phobie, de dépression, etc.

En les aidant à exprimer leurs émotions du présent, nous éclairons aussi celles de leur passé qui se trouve ainsi revisité. Les conflits et blocages hérités de chaque histoire sont ainsi dépassés. Le patient se raconte et l'émotion est en quelque sorte la musique de sa chanson. C'est ce discours vivant qui lui fait retrouver la fluidité de la relation avec soi et avec les autres.

Comment renouer le dialogue ?

Vous vous sentez souvent désemparé après une dispute… Non seulement à cause de ce qui s'est passé, mais aussi parce que vous ne savez que faire pour revenir vers l'autre, recoller les morceaux. Quels sont alors les remèdes pour renouer le dialogue, et faire de ce conflit un épisode constructif pour la relation ?

Quand le conflit éclate, il est souvent difficile de contenir ses émotions, et il arrive que cela dépasse les bornes, que "nos mots dépassent nos pensées". Après coup, comment se rattraper et renouez avec l'autre ? Que faire pour revenir à une situation plus calme et plus raisonnable et pour repartir sur des bases moins conflictuelles ? Quelques règles de base pourront vous aider à mieux gérer l'avant, le pendant et l'après crise, et à dialoguer en bonne intelligence…

Ravalez votre fierté !

Après un conflit, les reproches et les affronts laissent souvent place au désespoir d'être allé trop loin. On a le sentiment de ne pas savoir comment en sortir. Or il suffit

parfois d'un petit effort pour tout arranger. Alors prenez sur vous, ravalez votre fierté et faites le premier pas. Cela peut être salvateur pour votre relation, et cela fait preuve de maturité. Rester à bouder dans son coin ne fera pas évoluer la situation, et sachez même que le silence peut l'aggraver. Après, à vous de voir si les reproches que vous faites à l'autre (et inversement) peuvent être dépassés ou si ses demandes vont à l'encontre de vos principes.

Donnez-vous du temps

Dites-vous que même si l'on ne sort pas indemne d'une dispute, elle permet de mieux se comprendre et de connaître l'autre autant dans ses forces que dans ses faiblesses. Cependant, n'attendez pas de ne plus supporter une situation pour en parler à votre conjoint(e) ou votre ami(e). Discutez-en au plus vite, cela évitera les débordements de situation. Mais si vous vous sentez profondément trahi et blessé, donnez-vous du temps pour digérer. Car sur le moment vous n'êtes ni très objectif ni très raisonnable.

Acceptez les différences

Il n'y a pas d'art de bien se disputer mais pensez tout de même que le conflit peut être constructif. Il peut vous permettre, à vous comme à l'autre, d'affirmer votre point de vue, de forger votre caractère. Car se disputer, c'est aussi communiquer à l'autre ses désirs, ses besoins et ses manques pour une meilleure relation. C'est également un moyen de mieux connaître l'autre. Apprenez ainsi à aimer ses différences, qui ne sont pas forcément des défauts ! Et sachez aussi taire certains de vos reproches, surtout s'ils ne sont ni très fondés ni très importants.

Evitez le conflit

Mais bien sûr, le meilleur moyen de renouer le dialogue, c'est d'éviter le conflit ! Quand vous sentez que la tension monte, pensez à écouter l'autre et respecter son point de vue, même s'il est très différent du votre. Ensuite, posez-vous les questions principales suivantes, à savoir : quelle est la source du problème, quelle est votre part de responsabilité, et quels moyens pouvez-vous mettre en œuvre pour le résoudre, sans passer par la case dispute à tout prix. En favorisant ainsi l'attention et le dialogue, vous pourrez à l'avenir mieux comprendre les désirs, besoins et revendications de votre ami(e) ou de votre conjoint(e).

Quoi qu'il en soit, vous verrez que l'orage passe vite… Un conflit est rapidement oublié à côté de tous ces moments de bonheur que vous partagez entre amis ou en couple !

Pas de disputes à la maison !

Même dans les familles les plus unies, des conflits éclatent parfois. Car vivre sous le même toit entraîne forcément tensions et disputes. Entre conjoints et enfants, entre petits et grands, comment réussir à gérer les confrontations ?

Les conflits, disputes et autres frictions ont le plus souvent pour origine le fait que nos valeurs et nos intérêts ne sont pas les mêmes : nous sommes tous différents ! Ces conflits, qu'ils soient latents ou exprimés, doivent être gérés convenablement si on veut éviter une dégradation des relations au foyer. Que faire pour désamorcer la crise, quelle attitude est adaptée pour réagir favorablement lors d'une situation conflictuelle ?

Gérer les conflits avec vos enfants

Elever des enfants n'est pas un long fleuve tranquille. Les conflits sont souvent omniprésents ! Bien sûr, certains ne sont que de petits accrochages dans lesquels ils testent vos limites. Mais parfois, une véritable altercation survient, remettant en cause votre autorité. Quelques conseils pour vous aider à comprendre et gérer au mieux ces moments de crise :

L'enfant se structure à l'aide du conflit

En entrant en conflit avec vous, l'enfant signifie sa recherche de repères. En effet, pour pouvoir se structurer, l'enfant a besoin de connaître les limites que lui ont clairement fixées ses parents. Les conflits sont donc inévitables car nécessaires à son développement. Même s'il est parfois plus facile de lui céder (moins fatigant en tout cas), il est préférable de maintenir fermement les interdits posés au départ.

Positivez les bonnes attitudes

Il vaut mieux souligner positivement les attitudes adéquates de votre enfant, par exemple en le félicitant s'il a rangé sa chambre, plutôt que de souligner négativement les comportements que vous désapprouvez. Votre enfant verra ainsi que vous lui portez aussi de l'attention quand il fait quelque chose de bien. Si vous ne lui faîtes que des remarques négatives, vous courrez le risque qu'il fasse des bêtises dans l'unique but d'attirer votre attention.

Comprenez ce qu'il veut dire

Un enfant n'entre jamais en conflit avec ses parents par pur plaisir. Il est nécessaire d'identifier ses motivations et ses sentiments. Essayez de comprendre ce qu'il cherche à vous dire par son comportement.

Expliquez les interdits

Lorsque vous interdisez quelque chose à votre enfant, vous devez toujours lui expliquer les raisons. Il pourra ainsi intégrer "intelligemment" ces interdits.

Ados : attention à l'excès de paternalisme

Avec les ados évitez le ton paternaliste car cela les met en position d'infériorité. Si les règles de vie doivent être imposées aux jeunes enfants, l'adolescent au contraire doit participer aux décisions. En effet, cela favorise sa prise d'autonomie et augmente son sens des responsabilités.

Gérer les conflits avec votre partenaire

L'une des principales sources de conflit dans le foyer, c'est bien sûr le partenaire. Si quelques piques de temps en temps sont sans gravité, certains accrochages peuvent remettre le couple en cause. Quelques conseils pour ne pas friser la rupture à chaque dispute…

Bannissez les sarcasmes

Si un conflit éclate dans votre couple, il convient d'éviter absolument le sarcasme et le mépris. En effet, un tel comportement rabaisse votre partenaire et amplifie les problèmes. Il est préférable de trouver une issue au conflit qui soit gratifiante pour tous les deux. Toute solution où l'un des deux aura l'impression d'avoir remporté la partie et l'autre de la perdre, se révèle généralement plus mauvaise que bénéfique.

Ne soyez pas trop critique

La critique pousse l'autre à se justifier ou à contre attaquer. Vous le mettez dans une position défensive qui ne lui permettra pas d'écouter objectivement vos arguments. La critique ne pousse pas à la recherche d'une solution satisfaisante pour vous deux.

Mettez-vous à sa place

Ecoutez ce que vous dit votre partenaire en vous mettant à sa place et en adoptant son point de vue. Il est primordial de comprendre ce qu'il vit et ce qu'il ressent. Reformulez ce qu'il vous dit à votre façon, pour montrer que vous avez bien compris ce qu'il vous a dit. Si ce n'est pas le cas, il pourra vous préciser ses pensées.

Acceptez les différences de point de vue

Votre partenaire ne voit pas les choses de la même façon que vous : c'est peut-être précisément pour cela que vous l'avez choisi ! Acceptez la différence. Si vous n'y parvenez pas, il est peut-être temps de faire le point sur les raisons qui font que vous vous aimez.

Réagissez rapidement

Contrairement au vieil adage, le temps ne fait pas toujours bien les choses. Si vous sentez qu'un conflit se fait jour, il est essentiel de réagir aussi vite que possible, afin de ne pas laisser le problème s'installer et prendre de l'ampleur.

Choisissez le moment opportun

Le contexte dans lequel aura lieu la discussion est primordial pour une bonne résolution du conflit. Vous ne devrez pas aborder les problèmes n'importe quand. Choisissez un moment où vous êtes tous les deux détendus et disponibles.

Dédramatisez !

En toute occasion, ayez recours à l'humour pour détendre la situation : cela vous aidera à dédramatiser la situation, à prendre de la distance, et à désamorcer la crise. Mais attention, humour ne veut pas dire se moquer de l'autre ! Le remède serait alors pire que le mal.

La résolution idéale de conflit sera celle qui tient compte de vos points d'accord et des profits mutuels que vous en retirerez.

Si vraiment vous vous retrouvez dans l'impasse et que la communication est impossible, il peut être utile de consulter un spécialiste. Une thérapie familiale ou une thérapie de couple, pourront vous aider à construire une dynamique familiale plus positive.

L'art de bien se disputer…

Pas d'accord, ras-le-bol, énervé ? Une bonne dispute, parfois, permet de remettre les pendules à l'heure. A condition de savoir la rendre constructive !

Tout d'abord, déculpabilisons : un couple qui se dispute n'est pas forcément un couple qui va mal ! De bien des divorcés on dit "ils avaient l'air de si bien s'entendre, jamais un mot plus haut que l'autre...". Alors si vous avez le sang chaud et une tendance à faire voler les assiettes dans la maison, ne prenez pas votre tempérament bouillonnant pour un signe avant-coureur de rupture...

Crevez l'abcès

Plutôt que de garder tout sur le cœur et de nourrir son ressentiment et sa rancœur, mieux vaut réagir rapidement, et "annoncer la couleur" à celui ou celle dont on partage la vie. Sachez aussi régler rapidement le conflit pour éviter qu'il ne dégénère... "Le conflit qui éclate permet souvent de  remettre les pendules à l'heure, et l'on profite parfois de la dispute en cours pour dire des choses qui n'ont plus rien à voir avec son motif initial mais qu'on avait enfouies au lieu de les exprimer librement au moment des faits » », explique le Dr Christian Zaczyk dans son livre "L'agressivité au quotidien". C'est ainsi que pour une banale histoire de poulet mal cuit ou de facture impayée, on reproche à sa femme son manque de désir au lit, ou à son mari son avarice... ce n'est pas forcément idéal, mais au moins l'abcès est crevé. Nul doute par contre qu'il faudra alors plusieurs séances pour tout résoudre !

Une dispute bien menée...

Toutefois, il faut éviter d'aller trop loin et d'user, voire d'abuser, de son agressivité. En un mot, gardez la tête froide et modérez vos propos : pas de "j'en ai marre, je veux divorcer" ou de "je te déteste" dans le feu de l'action. Ces mots dévastateurs n'arrangent pas le problème mais rompent le dialogue et blessent celui qui les reçoit. Expliquez la nature de vos problèmes "tu es toujours en retard", "tu oublies systématiquement de payer le loyer", "je ne supporte pas de devoir quémander de l'argent chaque mois", "je trouve que tu ne prêtes pas assez attention aux études des enfants". Exprimez aussi clairement vos sentiments, de façon neutre, sans sous-entendus culpabilisants. Puis laissez votre interlocuteur répondre, exposer ses arguments. Cette attitude positive et responsable fera plus bouger les choses qu'une dispute hargneuse... et stérile. A vous ensuite de tenter de vous entendre.

Savoir « baisser d'un ton »

En face de vous, ce ne sont que des hurlements ? Pour forcer votre interlocuteur à cesser de crier, baissez-vous même le niveau sonore de vos propos : il n'entendra plus rien et devra faire de même : c'est la technique dite "de la messe basse". Efficace… et on se comprend mieux à 35 décibels qu'à 90 !

L'infidélité en question

Libération sexuelle, évolution des mœurs… Aujourd'hui, quelle est la place de la fidélité dans la société ? Vous-même avez peut-être déjà connu la tentation ou succombé ? Au contraire, vous ne concevez pas que l'on puisse envisager une seule seconde de tromper son conjoint ? A lire pour comprendre cette envie d'aller voir ailleurs…

Qu'est-ce que l'infidélité aujourd'hui ?

Comment l'adultère est-il perçu dans notre société ? Les femmes sont-elles plus fidèles que les hommes ? Amour et infidélité sont-ils compatibles ? Le point sur la notion d'infidélité avec Pierre Desvaux, médecin andrologue et sexologue.

Comment l'infidélité est-elle perçue aujourd'hui ?

Dr Desvaux : Dans nos sociétés occidentales, l'infidélité n'est plus condamnée aussi sévèrement qu'autrefois. Ainsi, ce n'est plus la première cause de divorce. De plus, le décalage de jugement entre infidélité masculine et féminine s'est considérablement atténué. Auparavant, l'infidélité féminine était jugée comme une faute grave. La femme portant les enfants, il était donc mal vu qu'elle prenne le risque d'un " accident " avec un autre homme que son conjoint. Il y avait une idée de "respect de la lignée". Cette donnée a changé avec l'arrivée des moyens de contraception, même si la pilule et le préservatif n'ont pas fait augmenter l'infidélité féminine pour autant ! Néanmoins, de nombreuses cultures moins permissives punissent encore l'adultère féminin de la peine de mort.

Les hommes et les femmes sont-ils différents face à l'infidélité ?

Dr Desvaux : Il existe une différence de comportement entre les hommes et les femmes. Selon les sondages, 8 à 10 % des femmes seraient infidèles aujourd'hui, contre 20 à 25 % des hommes. La situation évolue depuis environ un siècle. L'autonomie sexuelle dépend entre autres choses de l'autonomie financière. Autrefois, la plupart des femmes n'avaient pas leur autonomie financière. Lorsque leurs maris avaient une aventure, celles-ci n'étaient pas en position de dire quoi que ce soit. En revanche, elles ne pouvaient s'autoriser une escapade : elles dépendaient pour vivre des revenus de leur époux et ne pouvaient se permettre d'être rejetées. Avec la valorisation du travail aujourd'hui (et la dévalorisation du rôle de femme au foyer ?), les femmes exercent de plus en plus une activité professionnelle. Elles sont ainsi beaucoup plus libres et le monde professionnel est aussi une source de rencontres. Rappelez-vous, il y a 15 ans, l'apparition des "célibattantes", qui font leur vie sans homme. En gagnant en autonomie, les femmes ont adopté un comportement "un peu plus masculin".

Dans un autre registre, les hommes sont peut-être moins fidèles car ils semblent avoir plus de facilités à différencier sexualité et sentiments. Les femmes ont une notion de l'amour plus globale, elles ont bien souvent besoin d'aimer et d'être aimées pour faire l'amour. Maurice Maschino, dans son livre "Ils ne pensent donc qu'à ça ?" a d'ailleurs dit "Les hommes sont prêts à tout pour faire l'amour, y compris aimer. Les femmes sont prêtes à tout pour aimer, y compris faire l'amour". Il suffit de regarder la prostitution. Si elle n'obéissait qu'a une logique économique, il devrait exister une prostitution masculine destinée aux femmes, or celle-ci reste très marginale, car la demande est quasi nulle. Un certain nombre d'hommes est capable d'avoir des relations sexuelles sans aucun sentiment amoureux. Cette absence n'est pas uniquement liée à un phénomène culturel ou historique. Pour expliquer ce déséquilibre entre infidélité féminine et masculine, certains spécialistes soutiennent d'ailleurs la théorie du gène : l'homme aurait un besoin inné de disséminer son patrimoine génétique.

Peut-on être à la fois amoureux et infidèle ?

Dr Desvaux : Lorsqu'on est amoureux, on n'éprouve pas le besoin d'aller voir ailleurs. On a simplement envie de retrouver l'être aimé. L'adultère découle forcément d'une obligation de rester ensemble. Si vous êtes amoureux de quelqu'un mais restez libre, vous quittez la personne lorsque vous n'éprouvez plus de sentiments vis à vis d'elle. Lorsque le désir n'est plus et qu'il existe une obligation de durée, à cause d'un contrat de mariage ou de la présence d'enfants par exemple, le couple peut s'installer, au bout d'un certain temps, dans une relation "désexualisée". Ce type de couple peut d'ailleurs trouver d'autres centres d'intérêts que la sexualité pour rester ensemble. Néanmoins, assez souvent, cette situation débouche sur des conflits et le partenaire "désexualisé" est dévalorisé aux yeux de l'autre. Le passage à l'acte devient alors probable. C'est lorsque l'amour et le désir pour l'autre disparaît, mais que l'obligation de vivre ensemble est maintenue, qu'il peut y avoir infidélité.

Vous voulez dire que le mariage entraîne forcément l'adultère ?

Dr Desvaux : Non, ce serait très excessif et assez décourageant. La grande difficulté à laquelle sont confrontés les couples c'est de faire durer, d'entretenir le désir. Cela demande une réelle volonté des deux. Néanmoins, quand le désir et l'intérêt sexuel se sont éteints, certains couples restent ensemble et continuent à s'apprécier. Parfois, le couple s'accorde un certain degré de liberté. J'ai ainsi connu des couples dans lesquels la femme n'était pas particulièrement intéressée par la sexualité. Son mari avait pris une maîtresse. Elle suspectait bien la relation extraconjugale de son époux mais l'acceptait, voire se montrait complice en fermant les yeux, car cette situation lui convenait. Elle avait en quelque sorte délégué à une autre ce qu'elle considérait être une corvée. Lui n'en était que plus reconnaissant de cette "mansuétude", lui évitant l'invention de mensonges pour justifier une absence. Cela n'est pas aussi rare qu'on peut le croire.

Comment les personnes trompées réagissent-elles ?

Dr Desvaux : Le plus souvent, la révélation de l'adultère est vécue comme un cataclysme, même des années après. Il existe alors une blessure narcissique (comment as-tu pu préférer quelqu'un d'autre ?) et un sentiment de perfidie (comment as-tu pu me mentir ainsi ?). Le problème est que l'adultère ne peut exister en dehors du mensonge : la personne doit cacher sa double vie. On l'imagine mal déclarer : "Ce soir je rentrerai plus tard car je dîne avec mon amant".

Les réactions face à cette situation sont très variables, allant d'une attitude constructive, l'un et l'autre acceptant de se remettre en cause face à "ce moment d'égarement". Parfois, au contraire, cela va cristalliser une certaine violence. La victime, sûre de son bon droit et s'estimant bafouée, n'aura de cesse que de faire payer "ce moment d'égarement" à l'autre, parfois des années durant.

Infidélité : dire ou ne pas dire

L'infidélité est l'une des causes majeures de problèmes dans la relation du couple. Si l'aveu de l'acte peut entraîner diverses réactions, le non-dit instaure souvent un climat de suspicion. Alors, en cas d'incartade, faut-il en parler ?

Vous ne savez pas ce qui s'est passé... Mais voilà, vous avez été infidèle à votre partenaire. Et vous ne savez pas si vous devez lui avouer ! Selon certains magazines féminins, " il vaut mieux rester fidèle si on est incapable de tenir sa langue ". Alors en parler ou se taire ? Selon Gérard Decherf, Docteur en psychologie à Paris, les réactions dépendent de la personnalité. " Il existe trois sortes de niveaux d'évolution des individus " précise-t-il. Chaque personne réagit ainsi en fonction de son propre niveau d'évolution.

Personnalités « narcissiques » : ne rien dire

" Le premier niveau est le fonctionnement de type narcissique ", explique G. Decherf. Cette catégorie concerne l'individu qui, au fond de lui, n'a pas renoncé à son statut d'enfant. Il souhaite retrouver les bénéfices de la période infantile, caractérisée par un sentiment de toute puissance. Dans ce cas, la personne est centrée sur elle-même. Elle cherche à être rassurée notamment sur ses qualités corporelles et intellectuelles. Dans ce cas, l'infidélité n'est pas dirigée contre l'autre : elle permet en fait de renforcer l'estime de soi. Dans ce cas, parler au conjoint de son incartade risque de le faire souffrir inutilement. Il est préférable que le narcissique entame de lui-même un travail personnel, afin de reprendre confiance en lui.

Personnalités " génitales " : sincérité avant tout

A l'opposé du fonctionnement de type narcissique, on trouve des personnes qui ont un fonctionnement de type génital, " moins marqué par les restes d'enfance " souligne Gérard Decherf. Les couples génitaux dits " adultes " évoluent dans une véritable relation dans laquelle l'autre existe en tant que tel : il est reconnu dans ses besoins et dans son plaisir. Il est respecté. Dans ce couple, pour préserver une relation de qualité, on tient en général compte du partenaire. Et dès lors que l'on reconnaît l'autre dans sa totalité, ne pas avouer un acte d'infidélité paraît incongru.

La sincérité est ainsi très importante chez ceux qui ont un fonctionnement de type génital. Avouer une relation passagère ne met pas en péril la relation car l'autre est capable de supporter un tel aveu. Par contre, une infidélité plus importante doit être avouée avec ménagement.

Personnalités " narcissiques perverses " : tout dire pour faire souffrir

Le troisième type de personnalité est celui des individus avec un fonctionnement narcissique associé à un fonctionnement pervers. Dans ce cas, l'infidélité est liée au couple lui-même. C'est le conjoint qui est visé. Cela s'explique par la crainte de perdre l'autre. Pour essayer de retenir son partenaire, on use alors de procédé proche du chantage du type : " je pourrais facilement trouver quelqu'un qui me rendrait plus heureuse " ou " si tu veux me garder soumets-toi à mes exigences ". L'emprise caractérise la relation. Dans ce cas, l'infidélité n'est jamais passée sous silence, puisqu'elle apparaît, non comme une faiblesse ou un écart mais comme une arme pour tenir l'autre et, éventuellement, le faire souffrir.

Les trois personnalités évoquées ici induisent donc des réactions différentes. Dans tous les cas, l'important est de respecter son partenaire, ce qui passe souvent par la parole.

La fidélité, comportement inné ou acquis ?

Durant des milliers d'années, dans nos sociétés occidentales, la fidélité a été imposée par les Etats et par les religions. Mais l'Homme a-t-il besoin de contraintes pour être fidèle ? D'où vient donc ce comportement si particulier que l'on peut même observer chez quelques espèces animales ?

Dans certaines sociétés, la fidélité à un seul conjoint est l'une des principales valeurs. Dans d'autres, c'est la polygamie qui prédomine.

La plupart condamnent l'adultère. Dans tous les cas, la fidélité est-elle un comportement naturel ?

Nos amis les bêtes…

Dans le règne animal, généralement, la pratique de l'amour libre l'emporte. Les mâles et les femelles de nombreuses espèces multiplient les "partenaires". Cela est souvent le passage obligé pour augmenter les chances de reproduction et la survie de l'espèce.

Cependant, on peut observer, chez certains animaux, de petites disparités. Les couples de loups font ainsi preuve d'une fidélité absolue et s'accouplent pour la vie. Chez les manchots empereurs, la monogamie est la règle d'or. Les mâles sont même des pères trois étoiles, qui couvent les œufs et alimentent les petits. Le champion de la fidélité est le castor. A tel point que si le mâle est stérile, sa compagne ne procréera jamais.

Selon Jared Diamond, auteur du livre le "Troisième Chimpanzé" et spécialiste de la biologie de l'évolution, l'organisation de type "un mâle entouré de plusieurs femelles" est également courante dans la nature. "On retrouve ce type de schéma chez les gorilles, avec un harem et un mâle dominant. La fidélité y est entière puisque que le mâle est seul" précise-t-il.

Des bases biologiques de la fidélité chez l'homme…

Selon Gérard Leleu[1] il existe, chez l'homme, des bases biologiques de la fidélité, entre autres liées à "l'instinct d'attachement" dans l'enfance. Celles-ci seraient à rapprocher du besoin d'être relié l'un à l'autre, et à "la pulsion d'agrippement". Quant à l'adulte, il montre un besoin irrésistible de contacts, au niveau de la peau, au niveau affectif, au niveau sexuel. Au niveau psychique et spirituel, Gérard Leleu précise que le "besoin de sécurité et d'accomplissement [aboutit au] rêve d'un grand amour, l'amour qui peut conduire à la spiritualité et la spiritualité qui inspire la fidélité".

Aussi une question historique et sociale

Traditionnellement, être fidèle, c'est n'avoir qu'un seul partenaire dans les domaines affectif, sexuel et psychique. Lorsque le mariage était fondé sur d'autres finalités que l'amour (organisation de la société, transmission du patrimoine), la femme devait faire preuve d'une fidélité absolue sous peine d'être châtiée, bannie, jetée en prison ou même trucidée…

Depuis la loi de 1975, les époux adultères sont égaux devant la loi. Avant cette date, l'infidélité féminine était un délit en toute circonstance alors que celle de l'homme ne l'était qu'au domicile conjugal. Dans le divorce, l'adultère, désormais, n'apparaît plus que comme un grief parmi tant d'autres et non plus une cause "péremptoire".

La fidélité évolue donc en même temps que la société. Les femmes, par leur combat, par l'accession à la contraception et au monde du travail, ont acquis une nouvelle liberté de mener leur existence sentimentale et sexuelle. La fidélité semble même changer de camp. De plus, l'infidélité féminine n'est plus un sujet tabou. Littérature érotique et presse féminine, films de "femmes" marquent une certaine réappropriation de la sexualité par les femmes.

Fidélité sexuelle et fidélité morale

La durée de vie s'allonge, la levée des contraintes morales (religieuses et civiles) éloignent les menaces qui pesaient sur l'adultère. Il n'y a plus de contrainte à être fidèle si ce n'est le sentiment d'amour et le désir pour l'autre. Maintenant que la vie conjugale repose avant tout sur les sentiments, l'union est moins stable mais semble appeler plus de fidélité. En tout cas, une fidélité choisie.

Pourtant, on observe une augmentation des personnes vivant une double ou parfois triple vie sentimentale[2], due au besoin de changement et à la volonté de concilier la stabilité du mariage avec le piment de la vie extraconjugale.

S'il semble donc que la fidélité est en perte de vitesse, ce comportement ne semble pas près de disparaître. Pour 70 % des femmes, la définition du bonheur, c'est d'avoir un mari fidèle…

Amour, culture et infidélité

A l'heure où le mariage est en perte de vitesse et le sexe envahit les médias, quelle place à la fidélité au sein de notre société ? Jean-Marie Sztalryd, psychologue, directeur du diplôme interuniversitaire de sexologie à la faculté de médecine de Bobigny (Paris XIII), nous parle de l'évolution du couple aujourd'hui et de l'influence de notre culture.

Peut-on définir la fidélité ?

Jean-Marie Sztalryd : On ne peut définir de manière générale la fidélité. La représentation qu'ont les gens de cette notion est différente selon leur histoire psychique. De plus, elle varie en fonction de la culture. On trouve ainsi toutes sortes d'expressions de la fidélité et de l'infidélité, qui ne sont pas pour autant articulées à la même morale. Dans notre culture judéo-chrétienne, il existe une alliance marquée entre la question de l'amour et les valeurs religieuses, considérant ainsi l'union entre deux individus comme sacrée. C'est cette notion qui est à l'origine du sentiment de culpabilité engendré par l'infidélité. C'est pourquoi, lorsqu'il y a infidélité, celle-ci s'organise le plus souvent dans un cadre sécurisant. Ainsi, de nombreux hommes s'installent dans un clivage traditionnel, de type une femme d'un côté et une maîtresse régulière de l'autre.

Quel est le lien entre le sentiment amoureux et la notion de fidélité ?

Jean-Marie Sztalryd : La notion de sentiment amoureux à la base de l'union a une assise culturelle récente. Ce n'est que depuis le début du siècle que l'amour entre les deux partenaires est devenu l'un des critères de constitution du couple, un des éléments fondateurs. Avant, les critères étaient essentiellement économiques. Cela entraîne aujourd'hui une quête effrénée de l'amour. Cette recherche peut parfois être à l'origine de l'infidélité.

Cette recherche de l'amour est souvent prise dans un schéma œdipien. Les liens amoureux à la mère puis au père sont à l'origine du choix ultérieur du partenaire. L'homme ou la femme va notamment quérir, inconsciemment, un compagnon ou une compagne qui possède un ou plusieurs traits en rapport avec l'image de la mère ou du père. Mais cela les place dans le risque imaginaire d'une relation incestueuse. Pour se mettre à distance de ce risque, il ou elle cherchera ailleurs quelqu'un sur qui reporter la fonction érotique. Pour l'homme, cela correspond à la mise en place d'un clivage entre la " maman (sa compagne) et la putain (sa maîtresse) ". Pour la femme, cela peut aussi passer par un clivage équivalent père/amant. Mais celle-ci peut également séparer de manière consciente la fonction maternelle et le plaisir : se sachant jouer le rôle de la mère pour son partenaire, elle choisit d'être femme dans le plaisir érotique avec un amant.

Les évolutions récentes de la société ont-elles eu une influence sur la relation amoureuse ?

Jean-Marie Sztalryd : Les phénomènes de libération des mœurs ou la pilule ont permis une valorisation d'un amour ne nécessitant pas de mariage pour exister. Néanmoins, il y a une évolution des institutions qui va à l'encontre de cet amour " libre ". Ainsi, un contrat tel que le PACS ressemble-t-il, malgré l'avancée sociale qu'il représente, à un retour aux anciennes traditions morales. Il renforce le schéma classique du couple : ce contrat garantit principalement des valeurs telles que les droits de successions, etc. A l'instar du mariage, le PACS est donc avant tout une alliance visant à la stabilité sociale et à la croyance en la structure familiale.

La disparition apparente des tabous et l'évocation de plus en plus importante de la sexualité dans les médias a-t-elle modifié la notion de fidélité ?

Jean-Marie Sztalryd : Notre culture possède comme base la famille. Elle pose le couple comme idéal social par lequel chacun doit passer. Cette notion est encore extrêmement présente. On peut avoir l'impression que la société, notamment au travers des médias ou du cinéma, autorise la libre sexualité. Mais finalement cela tient plus du " charivari " ou du carnaval : on autorise les choses hors limites pour mieux définir les limites et faciliter le retour de la morale. Ainsi, la plus grande évocation de la sexualité n'est pas forcément une évolution, puisqu'elle impose une jouissance conforme aux normes et une obligation de performance.

Dans tous les cas, il revient à chacun de se débrouiller avec son histoire personnelle et d'inventer les petits arrangements qui lui donnent du plaisir à vivre seul et avec les autres. Il s'agit de pouvoir vivre ses désirs dans le respect du consentement mutuel, sans se sentir brimé par la norme ou la morale.

La tentation de l'infidélité…

Auriez-vous résisté à l'épreuve dans l'émission "l'île de la tentation" ? Sans aller chercher des nymphes et des apollons à l'autre bout du monde, la fidélité est souvent mise à mal au quotidien. Fatalité ou crise passagère, comment négocier cette envie d'aller voir ailleurs sans mettre son couple en danger ?

L'amour, le désir, on connaît la chanson ! Quand on examine de près l'évolution de la notion d'infidélité à travers l'histoire, on s'aperçoit qu'au XIIe siècle, le mythe amoureux, celui de Tristan et Iseult, reposait déjà sur l'adultère. Plus près de nous, en 68, les enfants du baby-boom se ruent sur le libertinage. En 2000, à une époque qui cultive le moi, l'individu se retrouve coincé entre amour de l'autre et amour de soi.

Les images de l'amour sont tantôt folles et parlent de liberté, tantôt conjugales et éprises de durée. Quoi qu'il en soit, la notion d'infidélité renvoie aux liens sacrés du mariage, de l'amour unique, et il n'est pas si facile de s'en déprendre. Evolution des mœurs ou pas, quand ça nous arrive, c'est un moment toujours difficile à gérer.

Un message inconscient ?

Entre manque de communication dans le couple ou réassurance narcissique, les raisons qui poussent à être infidèle ne sont pas toujours celles qu'on énonce consciemment. "Elle survient le plus souvent au bout de quatre ans, explique Gonzague Masquelier, psychothérapeute. Bien sûr une certaine monotonie sexuelle rentre en compte". Mais au-delà, quand un partenaire investit un autre objet de désir, c'est aussi un message inconscient. Celui d'un manque, que ce soit d'amour, de créativité ou encore d'investissement dans la relation. Marie, enseignante, mariée depuis 7 ans, met en avant le désir de se revaloriser dans un regard neuf. Quant aux hommes, "eux sont pris symboliquement entre l'image de la madone et celle de la putain", ajoute le Dr Gérard Leleu. L'infidélité lui permet de séparer l'amour de l'érotisme.

Passage à l'acte...

Au-delà des codes comportementaux et des discours, ce que l'on met en jeu dans l'infidélité pose la question de soi et bien sûr des conséquences dans le couple. Pourquoi le faites-vous ? Pour blesser l'autre, ou vous rassurer ? "La plupart du temps, les conflits datent de l'enfance" affirme le Dr Gérard Leleu. L'enfant mal aimé et blessé qui est en nous, toujours insatisfait nous pousse à aller de bras en bras. Si l'on prend conscience de sa "programmation infantile", nos besoins d'être consolé ou de séduire aux quatre vents peuvent cesser. On ne ressent plus le besoin de multiplier les relations amoureuses. De plus, "en allant chercher ailleurs ce qui manque dans son couple, on prive celui-ci de soins qui vont le fortifier » précise Gonzague Masquelier. C'est une décision, qu'on ne prend donc pas à la légère.

Avouer ou non ?

La question de l'aveu est bien sûr délicate. Il n'existe pas de règle en la matière et c'est à vous de prendre la décision selon votre intime conviction... Vous pouvez lui part de votre incartade si c'est un véritable symptôme de malaise dans votre couple. "Ça ne va pas, d'ailleurs je t'ai trompé". Cela peut être l'occasion d'ouvrir la discussion. Il arrive que ces péripéties renforcent le lien conjugal.

Pour le Dr Gérard Leleu, "le drame de l'infidélité serait d'accuser l'autre de ses propres souffrances". Se montrer mature, c'est prendre en charge la responsabilité des deux parties.

En revanche, si c'est le besoin d'aventure qui vous a emmené voir ailleurs et même si l'amour est fort au sein du couple, vous pouvez envisager de ne pas en parler : c'est un moment d'individualité et il n'y a ni "cocu", ni tromperie si l'amour n'a pas été renié. A vous d'agir selon ce que vous jugez le mieux pour votre couple.

La jalousie

Vous ne supportez pas qu'on regarde votre conjoint ? Vous surveillez toutes ses sorties ? Pas de doute vous êtes un jaloux ! Si ce sentiment n'épargne personne, il peut se transformer en calvaire pour celui qui le vit… et celui qui le subit ! Des trucs pour l'éviter aux différences hommes/femmes, Doctissimo fait le point sur cet instinct de propriété amoureuse.

Aux origines de la jalousie

Qui n'a jamais connu la jalousie ? Elle existe dans toutes les cultures ! Selon les individus, les origines de ce sentiment sont diverses. Manque de confiance, projection, refoulement… Quelles sont les motivations cachées derrière cette possessivité amoureuse.

La jalousie pointe son nez dans de nombreux couples, souvent sans raison... apparente !

La jalousie, un besoin ?

La jalousie est un sentiment courant : dès l'enfance, nous avons besoin d'être aimés, et même préférés ! Ce sentiment peut alors apparaître envers l'un des parents, un frère ou une sœur. D'ailleurs Freud écrivait qu'il n'est pas normal de ne pas éprouver de jalousie.

Selon lui, ce serait même un besoin ! Il est vrai que l'on observe ce sentiment dans toutes les cultures, sous toutes les latitudes. Néanmoins, il faut souligner l'influence des valeurs de la société : la place de la fidélité dans le couple est importante dans le développement de ce sentiment. Sans parler des changements dans les schémas familiaux (polygamie par exemple).

Sous toutes ses formes…

En fait, Freud distinguait ainsi trois formes de jalousie :

- **La jalousie normale, concurrentielle**

C'est lorsque le partenaire est inconsciemment identifié à la mère ou le père. Le jaloux éprouve alors une sorte de peur de perdre le sein maternel...

- **La jalousie projetée**

C'est lorsque le jaloux soupçonne l'autre car il est lui-même infidèle.

- **La jalousie délirante**

Pour Freud, il s'agit d'une sorte de dénégation de son homosexualité :

"Je ne l'aime pas car c'est un homme, mais c'est ma femme qui l'aime"...

Hommes, femmes : même combat

Il semble y avoir plus d'hommes jaloux de manière pathologique que de femmes. Certes, on ne possède pas de chiffres exacts sur le phénomène. Mais ce sentiment serait équitablement partagée, et simplement plus visible chez la gente masculine… Et il y a peut-être un biais lié à la culture : on considère souvent qu'un homme peut avoir des relations uniquement pour le sexe, alors qu'une femme met forcément des sentiments dans sa relation. L'infidélité féminine est considérée comme plus grave, ce qui pourrait expliquer des réactions plus violentes de leur partenaire.

Manque de confiance

Les spécialistes soulignent aujourd'hui que ce sentiment peut trouver une explication plus simple, telle que le manque de confiance en soi. Le jaloux doute de son potentiel de séduction. Lorsque l'on a suffisamment confiance en soi, on projette en général sa confiance sur l'autre. Il pourrait également s'agir dans certains cas d'une "angoisse de fusion". Le jaloux a peur de perdre son identité dans le couple, et cherche donc une tierce personne pour se rassurer. La jalousie lui permet en quelque sorte de conserver son autonomie, d'exister.

Un cercle vicieux ?

Paradoxalement, de nombreux jaloux, en fait des anxieux qui doutent d'eux même, choisissent des partenaires qui exacerbent ce sentiment. Afin de se rassurer, ils se mettent en couple avec des femmes attrayantes, voire même séductrices. Celles-ci se caractériseront alors par une sociabilité qui va exacerber finalement le sentiment de jalousie ! Outre ce "cercle vicieux", il faut souligner que la jalousie peut-être un mode de vie librement consenti ! Certains couples basent leur relation sur un mode de fonctionnement provocation/jalousie. Et dans certains cas, le conjoint, objet de soupçons, peut trouver cette jalousie positive : il est le centre d'intérêt exclusif de l'autre !

La jalousie, inévitable dans le couple ?

Amour et jalousie sont-ils indissociables ? Dans la plupart des couples, il y a un instinct de propriété sur l'autre. D'où vient ce désir de possession ? Les conjoints peuvent-ils s'épanouir malgré la jalousie ? Le point sur ce sentiment et son impact sur la relation amoureuse.

L'éblouissement amoureux confère à l'être aimé toutes les qualités ! Cet être parfait, on veut lui plaire et le satisfaire : dans la première relation qui s'établit, les amoureux se font confiance, envoûtés par un amour fusionnel où l'univers se réduit à eux-mêmes. Dans un tel contexte, la jalousie n'a guère de place, puisque cet amour inconditionnel et exclusif est entièrement occupé de lui-même.

Une volonté d'appropriation

Cependant les amoureux sont forcés de vivre avec les contraintes de la vie. Leur histoire se réinsère donc dans un contexte social. Souvent se superpose alors un nouveau sentiment aux émotions. "L'être dont je suis amoureux(se) est précieux. J'ai de la chance de l'avoir rencontré et je ne  dois pas laisser échapper. Je veux qu'il n'appartienne qu'à moi". De la même façon qu'il (Elle) possède une voiture ou une maison, l'amant(e) "possède" un sentiment amoureux, et craint qu'on ne le lui dérobe ! Dès lors, les regards, les marques d'intérêt témoignées à d'autres par la personne aimée inquiètent son partenaire. La jalousie n'est souvent qu'une banale revendication de propriétaire face à une mise à l'épreuve de l'amour !

De l'amour à l'autodestruction

Pour certain(e)s, la manifestation de la jalousie consiste juste à vérifier auprès de l'être aimé qu'il est toujours au centre de ses pensées, c'est-à-dire que les autres ne comptent pas. Le (la) jaloux(se) se tranquillise, tout en prouvant à sa "victime", qu'il (elle) est soucieux de lui plaire. Cette jalousie-là, si elle reste légère, montre la bonne santé du couple qui prolonge à plaisir la phase de séduction.

Pour d'autres, la peur de perdre le privilège d'être aimé est si forte, qu'elle en devient obsessionnelle. Ils (elles) cherchent les indices de leur infortune, c'est-à-dire la preuve qu'ils ont un(e) rival(e). Cette attitude, si elle s'exacerbe, rend l'histoire amoureuse invivable : la victime de la jalousie se sent progressivement prise au piège : chacun de ses gestes ou de ses paroles est sujet à suspicion. Le (la) jaloux(se), par sa méfiance, étouffe toute expression spontanée chez son partenaire, y compris celle de l'amour.

Le respect des libertés

Ne confondez pas : "Avoir un sentiment amoureux" et "Avoir un amoureux". Personne n'a de droit sur l'existence d'autrui. Votre partenaire en amour n'est pas votre propriété. Ne pas être jaloux, ce n'est pas de l'indifférence, c'est avant tout une marque de confiance en l'autre. L'appréhension d'être quitté peut s'exprimer par quelques manifestations de jalousie, à condition de ne pas mettre en doute la sincérité du partenaire. Mais si l'on aliène la liberté de l'autre pour s'assurer de sa personne, on risque de tout perdre.

Les trucs pour vaincre la jalousie

Tout le monde est jaloux en amour, mais certains beaucoup plus que d'autres ! Si vous ne supportez pas que votre conjoint fréquente d'autres personnes et si vous l'épiez sans cesse, il est temps y remédier, sous peine de détruire votre couple. Voici quelques conseils pour calmer votre instinct de possession !

Vous êtes un jaloux chronique, et vous ne savez pas comment réfréner votre instinct de possession ? Ces quelques conseils peuvent vous aider Ils sont basés sur un aspect primordial : la confiance en l'autre !

Ne confondez pas travail et plaisir !

La situation : Il (elle) est entouré de collègues du sexe opposé, et bon nombre d'entre eux (elles) sont séduisant(e)s.

Ce qu'il faut faire : Inutile de vous monter des films dès qu'il (elle) rentre un peu tard du bureau ! Evitez toute allusion déplacée. Si son travail lui prend du temps, il (elle) n'a certainement pas envie de se le voir reprocher en rentrant ! Essayez plutôt de lui changer les idées, en lui parlant d'autre chose que de son travail.

La situation : Il (elle) reçoit des coups de fils perso, sans prendre la peine de vous dire qui c'était.

Ce qu'il faut faire : Chacun a droit à son jardin secret, son intimité. Ce n'est pas parce que vous vivez ensemble qu'il (elle) doit tout vous dire. Vous n'avez aucun droit d'épier ses coups de fil ou d'ouvrir son courrier ! Imaginez, s'il (elle) faisait la même chose ! Au contraire, offrez-lui un téléphone portable pour Noël, afin de vous guérir de votre espionnite aiguë et lui montrer que vous tenez à sa liberté !

La situation : En soirée ou entre amis, elle est toujours en grande discussion avec des personnes, souvent du sexe opposé…

Ce qu'il faut faire : Et si le problème venait de vous, qui ne lui accordez pas suffisamment d'attention ? Il est normal qu'elle cherche ailleurs une oreille plus attentive ! Au lieu de passer votre soirée à le (la) surveiller et de lui faire des reproches, essayez d'être plus présent... Vive la plage !

La situation : Il (elle) a acheté un maillot de bain plutôt mini pour vos vacances à la mer.

Ce qu'il faut faire : Non, il (elle) ne cherche pas à provoquer en se promenant en maillot sur la plage ! Arrêtez de l'empêcher de se dévoiler ! Et inutile de guetter tous ceux ou toutes celles qui le (la) regardent pour hurler contre le "voyeur". Il est normal de chercher à séduire. Vous devriez même être flatté de faire des envieux !

Les amis de mon ami(e)...

La situation : Il (elle) sort souvent sans vous avec ses amis et vous n'êtes pas convié.

Ce qu'il faut faire : Non, il (elle) n'invente pas forcément un prétexte pour voir sa maîtresse (son amant). Là encore, il (elle) a le droit d'avoir une vie privée. Ne vous amusez pas à appeler ses amis pour vérifier. Inutile également de vous "incruster" : vous risquez de vous ennuyer ferme plus qu'autre chose ! Alors profitez-en pour voir les vôtres !

L'habit fait le moine !

La situation : Il (elle) vous reproche de ne pas soigner votre apparence autant que certain(e) hommes (femmes) qu'elle fréquente.

Ce qu'il faut faire : Non, il (elle) n'est pas en train de vous dire qu'il (elle) trouve vos ami(e)s ou collègues mignon(ne)s. Il (elle) vous parle de vous et de ce qu'il (elle) ressent. Et s'il (elle) avait raison ? Car si vous voulez qu'elle n'ait d'yeux que pour vous, il est essentiel de commencer par soignez votre apparence ! Et cela ne concerne pas uniquement les grandes occasions, mais également le quotidien.

Ce ne sont que quelques exemples, mais ils illustrent les points essentiels pour chasser la jalousie : la confiance, le respect et la liberté. Car si vous ne croyez pas en l'autre et ce qu'il dit, votre relation ne peut être solide. Pour donner les moyens à votre couple de s'épanouir, il est nécessaire de montrer à votre partenaire que vous ne cherchez pas à l'enfermer dans une cage !

Etes-vous jaloux ?

Sentiment parfaitement naturel quand il reste modéré, la jalousie peut aussi devenir maladive, démesurée, étouffante, insupportable, et mettre en péril santé mentale et vie de couple…

D'après une étude canadienne, un groupe d'adultes classe la jalousie au second rang des difficultés les plus importantes, parmi 37 situations conjugales. Et si la jalousie modérée est indissociable de la relation amoureuse, elle devient, quand elle s'emballe, particulièrement nocive pour le couple. Avoir un pincement au cœur quand on voit une (trop) belle femme s'approcher de (trop) près de son mari n'a rien de maladif… mais s'il ne faut pas être laxiste ou naïf, l'espionnage systématique est néfaste pour tout le monde. « Où étais-tu ? Avec qui as-tu déjeuné ? Que te racontait ce bellâtre, et pourquoi souriais-tu en l'écoutant ? À qui téléphones-tu ? Qui est cette blonde bécasse qui te regarde avec des yeux de merlan frit ? » : le(a) jaloux(se) maladif(ve) fait de sa propre vie, et de celle de son partenaire, un véritable enfer. Car la jalousie incontrôlée et incontrôlable devient vite néfaste au couple.

Entre soupçons et passions

Paranoïaque et extrêmement possessif, le jaloux devient rapidement obsessionnel, et il n'a plus qu'un but, chercher coûte que coûte, par tous les moyens possibles, à découvrir l'atroce « vérité », celle qui va briser son cœur et sa vie : son partenaire le trompe. Cette réaction d'agressivité et de haine à une perte (ou à une simple menace de perte) s'accompagne généralement d'une baisse de l'estime de soi. Le jaloux, s'il se persuade si facilement qu'on le trahit, pense qu'il ne mérite pas vraiment l'amour qu'on lui porte : «ma femme (ou mon mari) est plus jeune que moi, et je la (le) soupçonne d'avoir un amant de son âge » entendent souvent les psychologues. Il vit dans le soupçon permanent, n'a confiance en personne, et se « fait un film » dès que le portable de l'être aimé ne répond pas ! Enfermé dans sa bulle, il déforme les propos qu'on lui tient et fait une montagne d'un détail. Ses soupçons incessants le rendent très malheureux et il peut aller jusqu'à détruire son couple.

Comment vivre avec ?

Si le jaloux souffre, il fait aussi, malheureusement, souffrir son conjoint, et la vie de couple peut virer au cauchemar. En effet, la jalousie fausse complètement le dialogue, et peut être un véritable « pousse-au-crime ». Quoi de plus terrible et de plus démotivant, quand on n'a rien à se reprocher, que de sentir que l'autre n'a pas confiance et s'entendre dire en permanence «je suis sûr(e) que tu me trompes, je sais que tu me quitteras ». On peut, au fil des jours, en avoir assez d'être irréprochable.

Dans la vie quotidienne, même si l'attitude du jaloux est très dure à supporter, n'abondez pas dans son sens en jouant à séduire, et ne cherchez pas à le provoquer car le jeu pourrait très vite dégénérer... N'oubliez pas que certains jaloux peuvent commettre des actes irréparables... Évitez donc les allusions, l'humour, et les phrases à double sens, qui risquent de le rendre fou de rage. Au contraire, rassurez-le en lui répétant qu'il peut avoir confiance en vous et que vous l'aimez. Mais attention : soyez prévenu(e) que, quoi qu'il en soit, tout ce que vous pourrez lui dire lors de ses crises « pourra être utilisé contre vous ». Cela viendra nourrir sa jalousie, puisqu'il déforme tout. Expliquez-lui donc que vous ne répondrez pas à ses questions incessantes et restez insensible à ses harcèlements. Car vous ne devez pas non plus céder, sous peine de mettre le doigt dans un terrible engrenage. Ainsi, de nombreux maris jaloux demandent à leur femme d'arrêter de travailler... et quand elles acceptent, elles le paient souvent très cher. En effet tout jaloux cherche à aliéner la liberté de son partenaire, la mettre sous cloche, tout contrôler.

Avant toute chose, il doit guérir. Suggérez-lui de consulter un psychologue pour savoir d'où lui vient ce terrible manque de confiance en l'autre et en lui.

Quand la jalousie devient maladie !

Qui n'a jamais été jaloux ? Mais il ne faut pas tout mélanger ! A côté d'un sentiment courant dans le couple, il existe une véritable maladie de la possession amoureuse ! Parfois la vie du conjoint devient un véritable enfer ! Mais quelles sont les causes de ces crises ? A lire avant de harceler votre moitié.

Parfois, la vie amoureuse peut se transformer en véritable cauchemar. La cause : la jalousie !

Quand vient la crise

La jalousie pathologique existe dans les deux sexes. Mais elle revêt souvent des formes plus aiguës chez l'homme. Ce

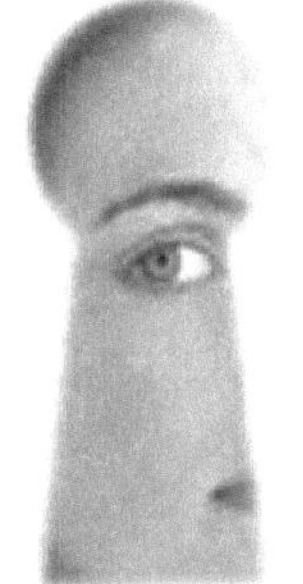

sentiment n'est généralement pas permanent : on assiste à de grandes scènes, déclenchées par des évènements anodins.

Mais le plus souvent le jaloux regrette ensuite ses emportements et ses crises. En fait, on peut distinguer plusieurs éléments qui caractérisent une jalousie pathologique : elle est chronique (et dure depuis plusieurs années) et souvent accompagnée d'actes d'agressivité.

De l'existentiel au psychotique

La jalousie peut revêtir trois formes principales, de la plus anodine à la pathologique :

- **La jalousie existentielle**

Elle serait en quelque sorte bénéfique au jaloux (au dépend du conjoint) ! Celui-ci se sert de cette expérience pour mieux se connaître et développer sa personnalité.

- **La jalousie névrotique**

La jalousie est compulsive : la personne ne peut s'empêcher de l'être, elle ne contrôle pas ce sentiment. De plus elle est obsédante : elle ne pense qu'à ça. Néanmoins elle n'arrive pas à des extrémités violentes qui peuvent être atteintes dans la jalousie psychotique

- **La jalousie psychotique**

Cette forme survient généralement chez des personnalités paranoïaques, caractérisées par une méfiance, une susceptibilité, un orgueil… Dans ces cas, la jalousie est un véritable harcèlement et peut même devenir violente. C'est la véritable jalousie pathologique Quelle prise en charge ?

Face à une jalousie pathologique, la consultation d'un psychologue ou d'un sexologue reste indispensable. Dans certains cas, une thérapie de couple peut être utile. Mais elle peut demander quelques aménagements : éviter par exemple de mettre un thérapeute du sexe opposé au conjoint du jaloux… La jalousie pathologique peut être normalement vaincue, et permettre de retrouver une vie de couple normale. Car il est possible d'aimer sans se gâcher la vie. Et celle de l'autre !

Le couple face à la dépression

Quand le conjoint déprime...

Ça ne va plus. Votre conjoint tourne en rond, se plaint de fatigue, s'énerve pour un rien. Son sommeil est haché, ses repas médiocres, son dos douloureux. Au début on

pense rarement à une dépression. Pourtant, un beau jour, il faut se rendre à l'évidence. Quelque chose a changé.

Surtout, cette modification dure. Observés depuis de longues semaines, les signes s'accompagnent maintenant d'un vague fond de tristesse et d'une perte du goût de vivre.

Faut-il l'emmener chez le médecin ?

Un déprimé sur quatre seulement consulte de lui-même. Les autres ne veulent rien savoir : "Ça va passer, laisse-moi tranquille..." Face à cette situation, l'entourage - à commencer par le conjoint - hésite en général entre deux attitudes. Soit, laisser le déprimé s'en sortir seul comme il prétend pouvoir le faire. Mais on risque de voir les troubles s'éterniser et s'aggraver. Soit tenter de le faire prendre en charge le plus vite possible vite, pour qu'il reprenne pied. S'il s'agit vraiment d'une dépression, cette deuxième attitude est la meilleure : plus la prise en charge est précoce, meilleur sera le pronostic.

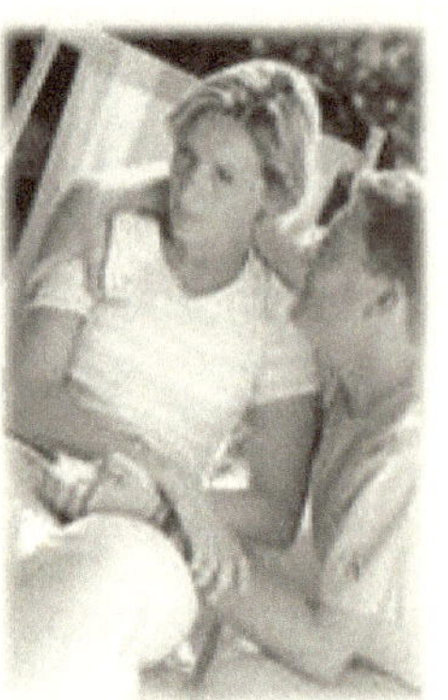

© Burger / Phanie

136

Reste à le convaincre d'aller voir un praticien. Celui-ci est, en effet, le seul à pouvoir identifier la nature pathologique des troubles et à instaurer un traitement. Quelques conseils concrets pour y arriver... Ne procédez pas par surprise et ne prenez jamais rendez-vous sans son accord. Evitez également de lui répéter qu'il doit "se soigner" : employée sans discernement, l'expression est redoutable ; c'est au déprimé de prendre la décision de soins, en accord avec son médecin. Intéressez-vous déjà à ses souffrances (insomnie, angoisse, etc.) et soulignez que souffrir ne sert à rien. Dites-lui qu'il existe sûrement un remède à son mal-être, que vous en êtes convaincu, qu'il y a des professionnels pour l'aider. Et proposez-lui de l'accompagner, ce sera une façon de marquer votre attention.

Et s'il refuse de se faire aider ?

Choisissez de préférence un médecin qu'il (ou elle) connaît. La plupart du temps, ce sera le médecin traitant. On peut aussi lui proposer d'aller voir d'emblée un psychiatre. Certains déprimés en sont parfois effrayés : "Mais je ne suis pas fou !" Mais il faut savoir que cette proposition peut en soulager d'autres : elle donne à certains déprimés le sentiment que l'entourage, le conjoint, comprennent et acceptent la réalité de leur souffrance.

S'il refuse toute aide médicale, essayez de mettre à profit le manque de "tonus" qu'il présentera, à certains moments, pour l'entraîner.

Il y a toutefois des situations d'urgence : quand la personne semble incapable de prendre toute décision, qu'elle évoque le suicide, qu'elle paraît dans un état de dépression avancée. Sachez les reconnaître et prenez les choses en main. Appelez un médecin ou un psychiatre pour une visite à domicile. Dans certaines grandes villes, il existe aussi des services S.O.S. Médecins ou S.O.S. Psychiatrie (adresses dans l'annuaire ou par minitel).

Devez-vous l'accompagner ?

"Le fait que le déprimé soit accompagné, voire amené par un membre de sa famille est toujours significatif" explique le docteur Nathalie Regensberg, médecin généraliste. Il faut tenter d'analyser les raisons pour lesquelles le malade ne vient pas seul. Comprendre aussi pourquoi c'est ce membre-là, et pas un autre, qui le conduit à la consultation.

Autrement dit, si vous décidez d'accompagner un dépressif chez le médecin, vous pourrez être considéré comme un acteur à part entière de la consultation.

Autant le savoir pour mieux aider le praticien : indiquez à celui-ci les troubles qui vous ont alertés, leur date d'apparition, les événements qui semblent les avoir suscités, tout détail vous paraissant important. Ne cachez pas d'éventuels antécédents de troubles psychiques dans la famille (un médecin n'est pas là pour juger).

Si vous craignez que cette conversation choque le dépressif, il est toujours possible de téléphoner au médecin **avant** la consultation pour le lui dire. Lors du rendez-vous, il vous indiquera s'il faut rester ou le laisser avec son patient.

Il est pris en charge, que faire ?

"L'entourage joue un rôle primordial dans la prise en charge et l'évolution de la dépression" souligne le professeur Maurice Ferreri. Ce rôle peut être négatif ou positif.

Dans le premier cas, le patient peut rencontrer, de la part de sa famille, une certaine opposition à ce qu'il observe le traitement. Soit par le fait de l'ignorance :"Inutile de prendre ça, tu vas beaucoup mieux aujourd'hui." Soit par crainte : "Avec ce produit, tu deviens un zombi." Ou encore par idéologie : "Plutôt que des médicaments, tu devrais prendre des remèdes naturels..."

L'influence nocive peut prendre la forme de reproches. Ceux-ci concernent souvent les conséquences sociales de sa maladie :"A cause de toi, on ne voit plus personne". Ou l'impact de la maladie sur la vie professionnelle :"Tu finiras par perdre ton travail, par être reclassé, etc."

Dans le cas contraire, l'entourage peut s'avérer un interlocuteur privilégié pour le médecin traitant. Il constitue en effet une source précieuse d'information, peut aider le patient à veiller sur la bonne marche du traitement, rassurer le déprimé, l'aider à retrouver son état habituel, contribuer au contrôle des récidives. "Il est très important que le médecin rencontre l'entourage du patient, l'informe sur la nature de la maladie et de son traitement, l'aide à comprendre les différents moments de l'évolution de cette maladie" rappelle le professeur Ferreri.

Quelle influence sur le couple ?

Plusieurs études ont tenté de mesurer les effets du contact quotidien avec un conjoint déprimé. Les résultats sont concordants et constatent une importante détresse du partenaire. Un des travaux les plus récents, l'étude de Dubek[1], semble même confirmer que le retentissement n'est par le même selon qu'il s'agit du mari ou de la femme... Ce travail montre en effet que l'épouse d'un homme dépressif a en effet plus de symptômes dépressifs et de moins bonnes relations de couple qu'un homme marié dans la situation inverse.

Selon une autre étude, celle de Merikangas[2], on constate un taux de divorce huit fois supérieur à celui de la population générale dans les trois ans suivant la fin d'un épisode dépressif chez le partenaire.

Concernant la libido, on sait que les troubles sexuels font partie du tableau clinique de la majorité des états dépressifs caractérisés. Impuissance, troubles de l'éjaculation, absence d'orgasme peuvent être présents mais le symptôme le plus fréquent est la baisse de la libido. "Cette perte de l'intérêt sexuel, avec limitation des initiatives érotiques, est le dysfonctionnement le plus souvent observé autant chez l'homme que chez la femme" assure le docteur Regensberg.

Le couple et le mensonge

Votre conjoint vous ment !

Le Prince charmant a le nez de Pinocchio ? S'il est terrible de s'en apercevoir, sachez que vous pouvez agir…

Trompé(e), berné(e), roulé(e) : vous avez découvert les mensonges de votre conjoint. Des avatars les plus anodins aux plus gros (aventures, dettes, alcoolisme, passion du jeu, enfants cachés…), il vous faut adopter la bonne attitude pour qu'il arrête de vous faire prendre des vessies pour des lanternes.

Petits mensonges par omission

Il ment pour des bricoles : il « oublie » de vous dire qu'il a pris un verre avec son copain Jacques ou qu'il est passé chez sa mère, il vous dit qu'il s'est fait voler le pull que vous lui avez offert (alors qu'il

l'a perdu) ? Que faire ? Remettez-vous en question : seriez-vous si jalouse et si suspicieuse que votre époux préfère mentir que s'attirer vos foudres ? Cela arrive, et si c'est le cas, vous devriez faire un vrai travail psychologique (éventuellement avec un thérapeute) pour vous guérir. Il est difficile en effet pour votre conjoint de vivre avec vous si vous l'espionnez, ne lui faites pas confiance ou ne lui laissez pas la moindre parcelle de liberté. En vous mentant (souvent par omission), votre conjoint cherche seulement à se simplifier la vie !

Menteur pathologique

Il vous trompe sur des sujets essentiels (il n'est pas libre, il boit, il est criblé de dettes…), s'enferre dans ses âneries, promet de changer, recommence, fait l'étonner, nie… bref, c'est un menteur pathologique.

Que faire ? Soyez réaliste : vous n'avez rien à voir dans son attitude, il est simplement "malade". Certes, vous devez le mettre face à ses mensonges, et vous êtes en droit d'exiger de lui réparation et pardon. Mais il risque de récidiver à la première occasion (ou de sembler s'en sortir avant de replonger). Vous ne pourrez pas le guérir de ses mensonges à répétition s'il ne souhaite pas, sincèrement, s'en sortir lui-même. Vous risquez même de devenir sa complice involontaire, et de vous rendre peu à peu la vie de plus en plus impossible et difficile !

Posez vos conditions

Il vous faut donc, à vous, l'avertir de ce que vous savez, définir votre seuil de tolérance, et poser les conditions strictes et fermes à la poursuite de votre relation. Il vous faudra repartir sur de nouvelles bases, lui redonner une chance et prendre le temps de voir… Ne vous laissez pas embobiner par ses pardons éplorés (je t'ai fait si mal, je t'aime tellement…) ni par ses promesses. Il nie, même devant la preuve de son mensonge ? Si, pour lui le respect et la franchise n'ont pas leur place dans votre couple, peut être devriez-vous vous séparer quelque temps pour faire le point et prendre une décision ? La peur de vous perdre le poussera peut-être à changer vraiment. Dans tous les cas, proposez-lui de consulter un psy, pour entreprendre une vraie thérapie, comprendre les raisons profondes de ses mensonges et se sortir de cette situation.

Table des matières

www.ingramcontent.com/pod-product-compliance
Lightning Source LLC
Chambersburg PA
CBHW031143130726
47988CB00006B/2514